Mosaik bei
GOLDMANN

*Buch*

Dieses Buch ist eine Revolution. Keine Moralpredigt, sondern zehn Entwicklungsaufgaben von der Kindheit bis ins Alter – gespiegelt in den Zehn Geboten. Jürgen Fliege legt das Wissen der Zehn Gebote provokant und lebensnah aus: Sie enthalten Grundthemen jeder Biografie, sie sind Anweisungen für ein gelingendes Leben. Die Befreiung von unmäßiger Lebensgier und die Anerkennung einer höheren Macht im Leben werden in diesen Geboten ebenso angesprochen wie die Orientierung an vorgegebener Weisheit, die in verschiedenen Lebensphasen unterschiedlich zu realisieren ist.

Plötzlich fangen die uralten Weisungen an, lebendig zu werden, uns zu tragen und zu inspirieren. Ein Leben lang wachsen wir in eine geheimnisvolle Ordnung hinein. So formulieren die Zehn Gebote, was alle im Leben zu tun haben und worum niemand herumkommt.

*Autor*

Jürgen Fliege, geboren 1947, ist evangelischer Pfarrer, Filmemacher, Autor, TV- und Radiomoderator. Durch seine Talkshow »Fliege« wurde er einem Millionenpublikum bekannt. 1999 gründete er ein privates Institut für Seelsorge und Kommunikation zur Fortbildung von Pfarrerinnen und Pfarrern.

www.juergen-fliege.de

*Von Jürgen Fliege außerdem bei Mosaik bei Goldmann*

Der Himmel ist auf deiner Seite (16872)

Jürgen Fliege

# Die Ordnung des Lebens

Die Zehn Gebote –
Inspirationen für ein gelingendes Leben

Mosaik bei
**GOLDMANN**

FSC
Mix
Produktgruppe aus vorbildlich
bewirtschafteten Wäldern und
anderen kontrollierten Herkünften

Zert.-Nr. SGS-COC-1940
www.fsc.org
© 1996 Forest Stewardship Council

Verlagsgruppe Random House FSC-DEU-0100
Das für dieses Buch verwendete FSC-zertifizierte Papier *Munken Print*
liefert Arctic Paper Munkedals AB, Schweden.

1. Auflage
Vollständige Taschenbuchausgabe Juli 2007
Wilhelm Goldmann Verlag, München,
in der Verlagsgruppe Random House GmbH

Umschlaggestaltung: Design Team München
Umschlagfoto: Michael Doster
Satz: Uhl + Massopust, Aalen
Druck und Bindung: GGP Media GmbH, Pößneck
WR · Herstellung: Han
Printed in Germany
ISBN 978-3-442-16912-2

www.mosaik-goldmann.de

*Für Mechthild Seitz,*
*ohne die es dieses Buch nicht gäbe*

# Inhalt

## Dritter Teil

# Vorwort

Solange ich auf dieser Welt bin, spüre ich die Enge meiner geistlichen Heimat, meines Christentums. Wie in einem Kokon fühlt es sich an. Eingesponnen und alt. Würdig und recht. Aber eben nicht mehr weit und atmend. Wie oft habe ich darum Anstoß erregt mit dem, was ich sagte, und mit dem, was ich tat. Wie das verzweifelte Ausbrechen eines scheinbar erkalteten und abgestorbenen Vulkans betrachte ich heute mein lebenslanges Anstürmen gegen die mir ebenso abgestorben erscheinenden Dogmen meiner alten Kirche. Das fing mit der Pubertät an und hört bis heute nicht auf. Ich habe mit meinem »Feuer« nicht nur Lebendiges nach oben gespült, sondern mit meiner »Glut« auch manches und manchen verbrannt. Aber neues Leben drängt immer von innen nach außen, zerstört immer die alten Formen. Herr, erbarme dich meiner!

Was ist an meinem europäischen Christentum und an meiner Kirche alt und überaltert? Was ist längst abgestorben? Es ist ihr steriler so genannter Glaube, der die Erfahrung des Körpers und der Seele auf dieser Erde anscheinend nicht nötig hat, um an ihnen und mit ihnen zu wachsen. Als wenn wir alle hier das mühsame Leben auf dieser Erde gar nicht nötig hätten, um in den Himmel zu kommen! Als wenn wir den Tod und das Sterben und all das Leid nicht nötig hätten, um in den Himmel zu kommen! Wie soll ich so alt und reif werden, mein Leben aus Liebe hinzugeben, wenn ich die Liebe nicht in allen Farben und Formen genießen konnte? Mein Leben ist ein Geschenk einer Mutter und eines Vaters. Und ich werde bereit sein, mein Leben zu verschenken. Das ist in Ordnung, und das ist die Ordnung. Ohne diese Ordnung sind wir tot, ob wir gleich leben.

Das körperlose und sinnenfeindliche Christentum Europas, das diese Ordnung leugnet, ist am Ende. Seine Blutleere und Kälte sind die Beweise dafür, dass es abstirbt. Und was reift in der Stille der Verpuppung in diesem Kokon längst heran? Ein lebendiges Christentum, das auf die Lebenserfahrung jedes einzelnen Christen angewiesen ist. Ein Christentum, das Lachen und Weinen, Freud und Leid nötig hat, damit sich ein jeder Christ und mit ihm die christliche Gemeinde entwickelt und lebt. Es ist ein Christentum, das sich der Sehnsucht des Herzens mehr verpflichtet fühlt als den Drohungen der Autoritäten. Es ist ein Christentum, das nicht erst mit der Geburt eines Menschen beginnt und mit seinem Tod endet. Ein Christentum, das mitten im Leben mit der anderen Wirklichkeit, die wir den Himmel nennen, kommuniziert und lebt.

So habe ich mich auf die Suche gemacht, wer uns auf diesem Weg stützen und beistehen könnte. Und ich habe eine überraschende Entdeckung gemacht. In dem ehrwürdigsten Text unserer Religion steckt eine geheimnisvolle verborgene Ordnung, die für jedes Menschenleben gilt. Es ist ein Lebensplan. Nicht nur für Juden, nicht nur für Christen. Für alle Menschen! Sie galt also auch für Jesus. Auch er richtete sich danach. Diese

Ordnung des Lebens und der Seele habe ich den »Sinai-Code« genannt. Denn er steckte bis heute unbeachtet inmitten der Zehn Gebote.

# Erster Teil

# Sehnsucht, unser Seelenflüsterer

Es sind die wohl wichtigsten und schwersten Sätze der Menschheitsgeschichte. Aufgeschrieben von wem auch immer. Sie sind für jeden einzelnen Menschen formuliert. Wann immer der einzelne Mensch diese Erde auch betreten hat oder betreten wird, sie waren und sind für ihn. Und wo und in welcher Tradition er sie betreten hat, Ost oder West, sie sind für ihn. Sie sind nicht auszulöschen. Von niemandem. Als ob das ewige Feuer selbst sie in die Steine der Berge am Sinai gebrannt hätte. Sie sind von Ewigkeit zu Ewigkeit. Die wirklich ganz großen Offenbarungen in der Menschheitsgeschichte erheben sich über alle Konfessionen und Religionen. So erhaben, so tief sind sie.

Und sie sind für uns alle gemeinsam formuliert, für die Familie, für das Volk und die Völker und endlich auch für die ganze Kreatur. Wann immer wir die rechten Wege für die Zukunft von uns allen suchen, werden wir den Weg durch diese Gebote bestimmt und begrenzt sehen. Es gibt keinen anderen Weg zu einem gelungenen Leben. Es gibt keinen anderen Weg, die Gier nach Leben durch eine tiefe Dankbarkeit langsam sich auflösen zu lassen. Es gibt keinen anderen Weg, die kleine Faust eines jeden Menschen zu öffnen, dass sie bereit ist, sich zu entspannen, um nun nichts mehr festzuhalten. Es gibt keinen anderen Weg, das geschenkte Leben als Hingabe an Kinder und Kindeskinder weiterzugeben. Dafür haben wir alle unsere Lebenszeit bekommen. Ich meine Zeit und Sie die Ihre.

Auf diesem Weg ist unsere Sehnsucht unser Seelenflüsterer. Sie versteht uns in jeder Lebenslage. Unsere Sehnsucht sorgt dafür, dass wir das Ziel eines geschwisterlichen Lebens nicht aus dem Blick verlieren. Sie verlässt uns nicht. Die Sehnsucht kann man nicht begraben. Sie seufzt, wie Paulus weiß, zu jeder Lebenszeit als stillstes und heiligstes Gebet, unverfälscht aus der Tiefe jeder Seele. Alle Sehnsucht sehnt sich nach Heimat und einem Zuhause, wie weit und gefährlich es auch immer sein wird. Sie sehnt sich, endlich daheim zu sein. Alle Sehnsucht richtet sich daher darauf, eines Tages die engen Grenzen des Ich und seiner Enge und Angst aufgeben zu können, um wieder als Teil im Ganzen zu leben. Zuerst ist es die Sehnsucht nach der Mutter, dann nach der Familie, dann sind es die Schwestern und Brüder des Herzens und später kommen sogar alle Kreaturen hinzu. In den dunklen Weihnachtsnächten ist sie überdeutlich spürbar. Zum Weihnachtsfrieden gehören Tiere und Sternenhimmel untrennbar dazu. Dies ist der Weg des Herzens, das sich mit den Lebensjahren mehr und mehr für alle und alles öffnen will. Wie eine Rose will es blühen und vergehen.

Und immer wird die Sehnsucht die Medizin der Seele sein, die uns aus der Gefahr, ein sündiges, abgesondertes, vereinsamtes und misslungenes Leben zu führen, ruft und befreit. Aber sie verachtet die Sünde nicht. Die Sünde ist schließlich die Mutter der Sehnsucht, ihr verdankt sie sich, während die Sehnsucht selbst sich am Ende zum Vater in den Himmel sehnt.

Der Weg dorthin aber sind auf dieser Erde die Zehn Gebote. Ich glaube, dass ich es weiß.

# Wie die Zehn Gebote missbraucht werden

Mich haben diese Zehn Gebote über fünfzig Jahre lang dennoch nicht interessiert. Das hat gute Gründe, die sich in vielen eigenen Lebensgeschichten widerspiegeln. Solange ich zurückdenken kann, hat man mich mit den Zehn Geboten bedroht. Sie waren eine mächtige, geheimnisvolle Keule der Großen, die sie mit dunkler, ja schwarzer Pädagogik gegen die Kleinen schleuderten.

Als ich klein war, verbot man mir das Lügen und Kirschenstehlen und all die anderen schönen Dinge, die der liebe Gott verboten haben soll. Und doch schaut er von ferne offenbar sichtlich neugierig danach, ob man ihm auch gehorcht. Es blieb bei mir immer ein Gefühl, als wenn der liebe Gott mehr am stillen Zuschauen interessiert sei als daran, dass die Kirschen auf dem Baum des Nachbarn blieben. »Du sollst nicht stehlen!« Ich aber stahl die doppelt süßen Kirschen und hatte ein schlechtes Gewissen. Als ich einmal von den Kirschen einen Durchfall bekam, wusste ich gleich, von wem ich mir diese Strafe eingehandelt hatte. Kleine Sünden straft der »liebe Gott« sofort.

Der »liebe Gott« sieht seit meiner frommen Kindheit alles, was ich tue. Und dass er nichts verrät, war mir nie ein Trost. Außerdem stimmt es gar nicht: Der liebe Gott straft nicht. Genauso wenig wie das Leben selbst straft. Er ist kein neurotischer

Vater, der seine eigene Angst dadurch abbaut, dass er sie als Strafe getarnt immer weiter nach unten durchreicht, bis sie den Schwächsten der Schwachen trifft und umbringt.

Als ich dann vierzehn Jahre alt war, wollte man meine Rebellion gegen meinen strengen Vater stoppen, indem man mir das vierte Gebot im Konfirmandenunterricht einbimste. Wer das vierte Gebot aufsagen sollte, musste dabei aufstehen und schämte sich in der großen Kirche am meisten. Ausgerechnet das vierte Gebot – und das auch noch im Angesicht der Gemeinde und der nervösen Eltern! Dieses peinliche vierte Gebot schien zum Kleinhalten der aufmüpfigen Jugend sehr geeignet. Es war bei den Eltern äußerst beliebt. Unsichtbar verlängerte es ihren drohenden Zeigefinger. Und so ging eine stille Genugtuung über deren Gesicht, wenn der Pfarrer ihre Sorgenkinder an den Pranger rief, der drei Meter vom Altar entfernt war.

Und wieder spürte ich das schlechte Gewissen, wo ich doch lebenslang meinem tief zu ehrenden Vater aus dem Weg ging, sooft es möglich war. Es war eine offenkundige Sünde. (Aber sie kam ohne Durchfall aus. Durchfall hatte ich eher, wenn ich ihm begegnete.) »Du sollst Vater und Mutter ehren!« Ich aber konnte und wollte es nicht. Der Mann war mir zeit meines Lebens eher ein Graus. Heute kann ich nur beten: »Vater, verzeih mir!« Aber damals, vor all den Jahren, war es so.

Wie sollte ich jemanden verehren, der mir Angst und Schrecken bereitete, sooft ich an ihn dachte? Wie sollte ich einen Menschen ehren, der uns Kinder schlug? Wie soll denn überhaupt ein Kind auf der Welt Vater oder Mutter ehren, wenn es genau von diesen beiden gedemütigt und da und dort sogar missbraucht wird? Das vierte Gebot kann doch unmöglich von einem Gottesmann für ungezogene Kinder in Stein gemeißelt worden sein. Was wäre das für ein Gott, und was wäre das für ein Gottesmann? Hier stimmt doch etwas nicht. Wenn das Gebot aber nicht für ungezogene Kinder und Jugendliche formuliert worden ist, für wen denn dann?

Später versuchten mir meine Lehrer der Theologie verständlich zu machen, dass das vierte Gebot sozusagen vergleichbar sei mit Bismarcks erster Sozialgesetzgebung. Nur eben viel, viel früher. Und diese Sozialgesetzgebung wäre eben die allererste gewesen und geschah zu der Zeit, als ein gewisser Mose verschiedene Sippen und Clans auf der Flucht zu einem Volk formen musste. Das war ca. 2000 Jahre vor Christi Geburt – und es war genial!

Es war die Zeit, in der ein charismatisch begabter Führer mit ägyptischer Hochbildung verschiedene Kleinvieh-Nomadenstämme der Halbwüste auf eine gemeinsame Ordnung einschwören musste, damit sie nicht untergehen würden. Ordnung musste sein, wenn man das Gelobte Land erreichen wollte. Es mussten Ordnung und Ordnungen her, die vom gemeinsamen Kult bis zur letzten Neidattacke alles regelten. Wer schützt die Ehen? Wer garantiert das Eigentum? Und wer würde denn sonst für die alternden Eltern sorgen und sorgen müssen, wenn nicht ihre eigenen Kinder?

Das ist bis auf den heutigen Tag auch stimmig geblieben. Brauchen nicht alle älteren Generationen in den Völkern der so genannten »Dritten Welt« ihre Kinder und ihre große Kinderzahl als kostengünstige Pflege- und Fürsorgekräfte im Alter? Wir haben uns in Mitteleuropa von dieser Selbstverständlichkeit für ein, zwei Generationen freigekauft. Aber jetzt bricht dieser Freikauf gerade zusammen. Statt Volk ohne Raum haben wir nun Raum ohne Volk. Die Fülle der wunderbaren Geldvermehrung nach dem Krieg verdrängte das alte, uralte Vertrauen und den ehemals unumstößlichen Glauben an die Ordnung der Familie, des Volkes und der ganzen Schöpfung. Jetzt, wo es zugig wird, weil die Decke des Geldes von uns weggezogen wird, mag sich zeigen, was von den alten Ordnungen noch taugt.

Mit dieser theologischen These zum sozialen Charakter des vierten Gebots habe ich dann auch ein paar pastorale Kanzeljahre im Rheinland herumgefuhrwerkt. Nur stimmen tut und tat meine niederrheinische Theologie nicht. Denn wo wäre dann das Gebot für die Eltern, dass sie ihre Kinder ehren müssen, damit es ihnen ebenso gut geht und sie lange leben auf Erden? Ist das nicht genauso wichtig? Das ist doch heute überdeutlich!

Wer es anders sieht, wird in den nächsten Jahren unter Schmerzen lernen müssen, wie gut es ist, die wenigen Kinder, die wir haben, zu lieben und zu ehren. Denn es sind unsere 1,6 Kinder pro Vater und Mutter, die uns Eltern das Pflegeheim für Demenzkranke aussuchen. Die Zeit, in der die Eltern vor den Kindern ausstarben, ist vorbei. Heute sterben bei uns den Eltern die Kinder aus. Eine kopernikanische Wende in der Kultur unseres Christentums steht uns ins Haus oder lässt auf sich warten. Je nachdem, wie wach man ist.

Und hört mir ja auf den Kirchentagen damit auf, aus den menschlichen Eltern aus dem vierten Gebot schnell einmal »Vater Himmel« und »Mutter Erde« zu machen. Für diesen leichtgewichtigen spirituellen Ausflug werden sich die leiblichen Eltern bedanken. Da ist ein bisschen viel Indianerreligion des Häuptlings Chief Seattle drin. So schnell springen aber die Preußen nicht. Und Häuptling Seattle lebte erst vor 200 Jahren. Das ist nicht viel für eine 3000 Jahre alte Kultur.

Und mit »Mutter Erde«, alias »Mutter Gaia«, wird wohl nicht erst Mose so seine Schwierigkeiten gehabt haben. Die begannen schon weitaus früher. Auf wen denn sonst war »der liebe Gott«, der Wüstengott vom Sinai, so eifersüchtig, dass er seine Anhängerschaft auf diese seine Eifersucht einzuschwören versuchte, wenn nicht auf die Fruchtbarkeitsgötter Kanaans? Er selbst war schließlich so eine Art Parvenü-Gott aus der Halbwüste, der sich männlich kampfbereit und im Blutrausch auch siegessicher gegen die fruchtbaren Mutterkulte in Stellung brachte.

Also Vorsicht vor dem »Vater Himmel«. Nicht umsonst steht geschrieben, dass man ihn nicht nur lieben, sondern auch fürchten soll. Nein, an seiner eigenen leiblichen Mutter und an seinem eigenen leiblichen Vater kommt keiner vorbei, der ins Reich Gottes kommen will.

Das fünfte Gebot – »Du sollst nicht töten!« – scheint unwichtig für den frommen Mittelstand. Gemetzelt wird weit hinter der Türkei. In globalen Zeiten lässt man morden. Und die Soldaten des eigenen Volkes rekrutiert man weiter aus dem dritten Stand. Der zahlt noch jede Zeche.

Mit dem sechsten Gebot hetzten mich vor ein paar Jahren die Medien auf jedem Niveau durch alle Schlagzeilen der Republik. »Du sollst nicht ehebrechen!« »Fernsehpfarrer sündigt gegen das sechste Gebot!« Das tat weh. Prophylaktische Sozialkontrolle durch Medien und Nachbarn wirkt allemal besser als jedes Gesetz und jedes Gebot. Der Pranger lebt und funktioniert noch. Er hat sich nur elektronisch modernisiert. Wer wüsste das nicht besser als all die Prominenten, die ihr tägliches Leben und ihr ewiges Lieben weniger vor Gott dem Herrn meinen verantworten zu müssen als vor der unheiligen und ebenso scheinheiligen Inquisition der Boulevardzeitungen. Da ist Geschwätz und Gerücht auch ein gutes Geschäft und hält zudem die Gesellschaft zusammen. Gerüchte sind schließlich der Sozialkitt des Volkes und regeln sich durch Angebot und Nachfrage.

Zehn Sätze, die die Welt regieren sollen. Und man hat den Eindruck, dass sie mehr Feuilleton sind als Fundament von Recht und Ordnung. Man verliert die Liebe an ihrer Wahrheit und Weisheit, wenn man sie in zehn Sätzen ein halbes Jahrhundert lang wie einen nassen Waschlappen um die Ohren gehauen bekommt. Wenigstens ging es mir so.

Die Zehn Gebote schienen nicht für mich gemacht. Und da war auch niemand, wenigstens keiner aus der sichtbaren Wirklichkeit, der in dieser Zeit stumm neben mir saß wie die Freunde Hiobs neben dem Verlorenen, und still darauf wartete, dass alles gut wird. Wer ist schon nur dazu geboren, einem anderen Mensch in aller Not beizustehen? Nur Engel haben bekanntlich eine Engelsgeduld. Menschen haben die nicht. Noch nicht. Warum sonst sollten sie denn den Weg über diese Erde antreten? Was kann man hier sonst lernen, was Gott nicht selbst erst zu Sintflutzeiten auf dieser Erde lernen musste? Gut Ding will Weile haben. Auch bei mir.

Mein Wissen um das Geheimnis der Zehn Gebote wuchs mit den Lebensjahren, wie alles, aus der Stille und dem Alleinsein.

# Ich habe alle zehn Gebote gebrochen

Irgendwann habe ich dann den auf die Beachtung des sechsten Gebots insistierenden oder auch intrigierenden Presseleuten trotzig ins Mikrofon geantwortet: »Ich habe schon alle zehn Gebote gebrochen!« Fertig. Aus. Guten Tag, meine Herren Pressevertreter! Rumms!

Ich habe es einfach so gesagt. Da war es raus. Und ich konnte es nicht zurücknehmen. Jetzt konnte es mir jeder vorhalten. Es war raus! Aber merkwürdigerweise war dann auch endlich Ruhe. Raus war es nun und damit in der Welt. Aber stimmte das denn auch? Mein Kopf fing an zu arbeiten. Es muss ja nicht stimmen. Hauptsache, der Gag war gut und die Pressemeute gibt endlich Ruhe! Aber wenn es doch stimmen würde, was dann?

Ich horchte in mich hinein: »Du hast doch niemanden getötet, oder doch?« Nun fragte damals kein Pressemensch zurück. Vielleicht war es doch ein zu großer Brocken, dass ein Pfarrer bekennt, alle zehn Gebote schon gebrochen zu haben. Für alle Fälle aber hatte ich mir schnell das mit dem Töten aus dem fünften Gebot so zurechtgebogen, dass ich ja nicht wüsste, ob sich jemand vielleicht wegen mir das Leben genommen habe. Die alte Dame aus meiner Gemeinde mit ihrem Suizidkoffer hatte sich schließlich in der Badewanne das Leben genommen. Und ich hatte es nicht verhindern können. Und mein Vater sagte in seinen letzten Jahren, dass ihn der Ärger mit den Kindern eine Niere gekostet hätte. Daran starb er später. Zählt das?

Oder würde der »Mord« an Tieren auch gelten? Ich weiß doch nicht, ob nicht all die Tiere, denen ich das Leben nahm, sich in die Reihe derer stellen könnten, die mir eines fernen Tages ein zweites Mal begegnen werden. Wer weiß das schon? Ich habe mit meinem Opa Schweine geschlachtet und sie am Ringelschwanz fest und aufrecht stehend gehalten und in den Tod begleitet. Stehend fielen sie, vom Bolzenschussgerät zwischen den Augen getroffen, tot um, und der Schwanz rutschte mir aus der Hand. Ein paar weißgraue Borsten blieben mir. Und die Hühner und Hähne, denen ich als kleiner Junge den Kamm auf dem Hauklotz festhalten musste, damit das Beil meines Großvaters ihren Hals traf, vergesse ich auch nicht. Irgendwie bleiben sie präsent. Heute weiß ich wohl, dass es eher eine Mutprobe für mich war, als dass es wirklich nötig gewesen wäre, einem Huhn, dessen Flügel und Beine man schon fest zwischen Arm und Hüfte an den kleinen Körper klemmt, den Kamm zusätzlich festzuhalten. Und die Tausende von Forellen und Karpfen, denen ich stolz einen Holzknüppel über den schmalen Schädel zog, um sie im Auftrag meines Fischhändleronkels zu töten, die verlassen mich auch nicht. Heute tue ich es nicht mehr.

Ich werde zudem den Verdacht nicht los, dass vegetarische Kost feinstoffliche Informationen enthält, die den Pflanzenfresser zu eher pflanzentypischer Hingabe statt tierischem Kannibalismus ermutigt.

Wer weiß denn, ob der christliche, ausschließlich anthropozentrische, also allzu menschliche Horizont in der Causa Mord und Totschlag sich nicht mit den Jahrhunderten zu sehr Richtung Westen verschoben hat? Denn im Osten, im Orient, in den Traditionen der aufgehenden Sonne, denkt man sinnlicher und kreatürlicher. Demnach hätte ich getötet. »Quäle nie ein Tier zum Scherz, denn es spürt wie du den Schmerz.« Tiere haben schließlich eine Seele wie wir.

Es ist wahr: Ich habe getötet. Direkt und brutal. Ich muss mich einreihen in die Reihe der Mörder. Ich bin nicht besser als sie. Und ob ich vielleicht sogar wie ein ganz normaler gütiger Hausarzt, der eine dunkle Spur von tödlichen Fehldiagnosen hinter sich herzieht, nicht auch durch manches falsche Wort am falschen Ort zur falschen Zeit das Leben eines Menschen zu beenden half, weiß ich nicht. Der Herr erbarme sich meiner! Alle zehn Gebote hatte ich also schon gebrochen. Gesagt war gesagt. Was jetzt?

Es war ein trotziger Moment, so eine Situation, in der ich mit dem Rücken an der Wand stand und in der ich offenbar durch diese vorlaute Antwort irgendwie und von irgendwoher befreit und »erleuchtet« wurde. Mehr kann ich dazu nicht sagen. Erleuchtungen kommen weniger als spirituelles Großereignis daher, denn als »angelos«, als Botschaft in einer Gefahr, als Schutzengel also. Erleuchtung ist ein kleines Licht in der Dunkelheit. Da übernimmt auf einmal ein Anderes das Steuer, während du in Panik die Augen schließt. Da tritt etwas hinter dich, und du richtest dich unvermittelt auf. Da redet irgendetwas für dich, während du am liebsten im Boden versinken willst. Wer redet da?

Das war nicht zum ersten Mal in meinem Leben so. »Jürgen ist vorlaut« stand auf jedem meiner Schulzeugnisse. Und dieser unkontrollierbare innere Impuls meines oder wessen Geistes auch immer hat oft dafür gesorgt, dass ich überhaupt das Haus meiner Lebensangst verlassen konnte. Halt. Es muss richtig heißen: »verlassen musste«. Es ging dann nicht mehr anders. Rausfliegen aus dem Amt, aus der Karriere, aus der Klasse, aus dem Beruf, aus der Ehe war immer schon als Muster meiner Weiterentwicklung auszumachen.

Da war also wieder einmal aus dem Nichts ein Satz angeflogen gekommen. Von wem und von wo auch immer. Und dieser Satz nistete sich in meinem Kopf ein: »Ich habe schon alle zehn Gebote gebrochen!« Das hatte ich gesagt. Laut. Unwiderruflich. Und jetzt wollte der Satz von mir auf Wahrheit oder Falschheit untersucht werden. Nein, stopp, das stimmt nicht. Der Satz wollte nicht geprüft werden. Er wollte nicht zerlegt und erledigt werden. Er wollte lebendig bleiben und mir zu eigen werden. Er wollte mich nicht verletzen und gefährden. Er wollte von mir entwickelt und gewickelt werden, so lange und so sehr, bis ich ihn lieben würde wie ein Kind, das man erst durch ständiges Wickeln und Sorgen in sein Herz aufnimmt.

Also: Was ist mit den Zehn Geboten? Warum gingen mir die Fragen der Journalisten, der Pfarrer und Erzieher, die diese alten Ordnungssätze unserer Religion wie Wasser auf ihre Interessenmühlen zu leiten vermochten, so mächtig auf den Geist? Sie benutzen doch offensichtlich die heiligsten Güter meiner Tradition, um ihre doch eher scheinheiligen Mühlen anzutreiben, oder nicht? Großer Neid, Hass, viel List und auch Furcht, das sind doch ihre Motive. Andere bloßstellen, das ist ihre

Waffe. Und die Menschen, die nach oben aus der Ordnung und der Menge herausragen, die wollen sie stutzen und einkürzen. Das war doch und ist doch noch immer die vornehmste Aufgabe der Gesellschaft. Gleichheit vor Freiheit! Öffentlichkeit und Obrigkeit haben nicht das Interesse, dass mein Leben oder das Leben jedes anderen Individuums gelingt. Wenigstens spüre ich das bis heute nicht. Obrigkeit und Öffentlichkeit wollen doch im Grunde dasselbe, dass nämlich niemand zu groß werde und herrsche. Aber genau das kann doch nicht vom Geist des Allerhöchsten sein. Das ist doch Kleingeist! Die Zehn Gebote müssen doch von einem Geist inspiriert sein, der will, dass das Leben auf der Welt gelingt! Es muss doch ein brüderlicher, geschwisterlicher, familiärer Geist sein. Sei er nun groß oder klein, leise oder laut. Nicht nur hat alles seine Zeit, sondern die Zeit hat auch alles und braucht alle: Große und Kleine, Laute und Leise. Neid und Missgunst sind kein Ausdruck des Göttlichen. Sie können auch keinen Platz in den zehn heiligen Sätzen finden. Hier stimmt doch was nicht! Hier wird das Heilige missbraucht. Das Heiligste und Größte, die Zehn Gebote, wurden nicht für die Menschen genutzt, sondern immer gegen sie. Das war mein Eindruck. Das Gesetz aller Gesetze schien nicht für den Menschen gemacht, sondern der Mensch für das Gesetz aller Gesetze. Jesus, Maria, Josef! Da konnte der Sohn predigen, bis er schwarz würde.

# Mit fünfzig am Anfang des Verstehens

Das war der Zeitpunkt, an dem ich eher beiläufig begann, die Zehn Gebote aus meiner missachteten theologischen Erinnerungsecke hervorzuholen. Wenn sich auch die Dogmen der Kirche zunehmend als Larven und Hülsen erweisen und sterben, so müsste doch der Kern ewig sein. Wo tote Larven sind, muss es auch irgendwo einen Schmetterling geben. Fragt sich nur wo. Ich machte mich auf die Suche.

Mit über fünfzig Jahren schaut man dann anders auf die Dinge. Man reißt nicht mehr jedes Kraut aus, nur weil man es nicht kennt. Man reißt nicht jede Mauer nieder, nur weil es scheinbar keine Tür gibt. Neben dem alles beherrschenden Aktionismus der frühen Jahre ist etwas Neues reif geworden.

Ich wusste ja, wo die Gebote in der Bibel stehen. Ziemlich weit vorne. Im Alten Testament. Fünf Bücher Mose, in der so genannten Thora, in der Gesetzesbüchersammlung des Volkes Israel. Mehr als dreitausend Jahre alt. Dort, im zweiten Buch Mose, da sind die Gebote der Höhepunkt des gesamten Textes. In diesem Buch »Exodus« – im Buch vom Auszug aus Ägypten – füllen sie das zwanzigste Kapitel. Früher habe ich sie alle auf Hebräisch lesen lernen müssen. In der Sprache, in der sie ein Mose für seine Landsleute als Audition vom Himmel holte. Aber das ist lange her. Und immer ist es das gleiche Bild, das sich in mir zu dem Text gesellt und das mich nicht verlässt, ganz gleich welche Maler es auch variierten: Der Alte vom Berg. Der mächtige Mose mit langem Bart und im dunklen Mantel, der vor den undankbaren »Kindern« Israels die zwei Steintafeln zerschlägt. War das nun der Mosedarsteller Charlton Heston aus Hollywood oder Mose aus der Bibel selbst?

Ich nahm mir irgendeine Übersetzung aus dem Bücherschrank. Mir persönlich war es gleich, welche Übersetzung ich las. Katholisch, evangelisch, reformiert und aus Zürich oder Luthers Text, egal. Hauptsache, sie war deutsch. Diese zehn Hammerschläge in die geistige Menschheitsgeschichte sind so gewaltig, dass mich ein zusätzliches Pünktchen oder ein weggelassenes Komma irgendeines schlaueren Übersetzers nicht interessieren. Da streitet man oft, zu oft, um des Kaisers theologischen Bart. Und der einfältig Fromme ist und bleibt dann meist der Dumme. Das ist ein theologisches Hornberger Schießen: Wenn der Fürst der anderen Wirklichkeit wirklich kommt, hat man das geistliche Pulver schon verschossen. Das ist das Einzige, was ich aus jahrelangem Hebräisch- oder Griechischstudium gelernt und behalten habe. Es war zu viel für zu wenig. Zu viel Studieren für zu wenig Erfahrung.

Aber was wusste ich eigentlich aus dem Stand heraus und ohne nachzuschlagen über diese zehn Grund-Sätze? Was weiß der Bildungsbürger? Ich wusste, dass die protestantischen Lutheraner diese alten Sätze anders zählen als die protestantisch reformierten Christen. Das liegt einfach daran, dass von Mose nicht Gebot für Gebot anständig nummeriert worden ist. Von Gott selbst wohl auch nicht. Sie stehen daher eher als Gesamttext da. Die Lutheraner ziehen am Anfang zwei Gebote zu einem zusammen, und die Reformierten machen ganz am Ende der Zehn Gebote zwei zu einem, damit es in der Bilanz immer zehn sind. Ist das wichtig? Wahrscheinlich nicht. Sonst hätte Mose entweder die Lutheraner aus Sachsen nötig gehabt oder die Reformierten aus der Schweiz. Am deutschen Wesen würde wieder einmal die Welt genesen oder verwesen. Je nachdem.

Was wusste ich noch? Bekam ich die alten Sätze überhaupt auf Anhieb memoriert? Oder war ich mittlerweile ein Medienpfarrer geworden, der die Zehn Gebote nicht ohne Stocken aufsagen kann, weil er sie nicht mehr Jahr für Jahr den Konfirmanden einbimsen muss? Versuchen wir es, ohne rot zu werden.

# Zehn Gebote aus dem Stand

An meinen zehn Fingern hatte ich schnell geprüft, ob ich sie noch alle kenne. Das erste Gebot war klar. »Ich bin der Herr, dein Gott, der dich aus Ägyptenland geführt hat…« und so weiter.

Ein wenig Unsicherheit bei Gebot zwei und drei. Erste Erinnerungslücken zeigten sich. Zuerst das Gebot und diese merkwürdige Eifersucht gegen andere mögliche Gottheiten. Ein Verdacht kam auf: Als wenn es aus der Sicht meines alten »lieben Gottes« wohl doch andere Götter neben ihm geben könnte, die zu allem Überfluss auch noch Wirkung auf ihre Anhänger zeigen. Was soll denn sonst in diesem Zusammenhang seine Drohung, dass er stark ist und sich an den Kindern und Enkeln zu rächen gedenke, wenn man ihm untreu wird? So hieß es doch? Merkwürdig. Wusste er vielleicht, dass er – wie all die anderen Götter auch – nur ein Provinzgott war? Kannte er aus höherer Sicht Amerika schon und Australien? War er da auch als Manitou bekannt? Geheimnisvoll ist es für mich bis heute. Vielleicht muss ich noch älter werden, um es zu verstehen.

Wenn ich mich recht erinnerte, spalten jetzt die Reformierten den nächsten Satz als eigenes Gebot ab. Das ist die Geschichte, dass man als frommer Jude seinen Gott nicht beim Namen rufen soll. Deswegen benutzen sie ja diese wunderschönen Umschreibungen: Der »Allmächtige«, der »Gütige«, der »Ewige«, der »Barmherzige«. Da argumentierten die Luther-Leute immer, dass das Namensverbot kein eigenes Gebot, sondern nur eine Variante des Bilderverbots sei. Schließlich ist ein Name nichts anderes als ein Bild. Mir war es, wie gesagt, eins. Ich wusste nur, dass man bei Rumpelstilzchen schon lernen kann, dass derjenige die Macht hat, der den Namen weiß oder ein Bild von jemandem hat oder die Koordinaten kennt, unter denen man ihn findet. Da wird 's gefährlich. Namen und Daten, die man kennt, sind Machtüberträger. Das weiß jede altehrwürdige Religion genauso wie der moderne Computerfreak.

Und dann das Gebot mit dem Sabbat, der geheiligt werden soll. So war es doch? Warum ist das denn der Gottheit vom Sinai so wichtig? Warum sollen ausgerechnet Bauern und Hirten am siebten Tag nichts tun? Die Ziegen werden schreien, wenn sie nicht pünktlich gemolken werden. Und warum nehmen fromme Juden ausgerechnet an diesem Gebot Maß, wenn sie darüber nachdenken, wie eine friedliche Welt aussehen müsste, in die der Gesalbte des Herrn kommen kann?

Gebot vier war für mich wieder klar. Kein Wunder, mit all den Kleinmachgeschichten, die mit diesem falschen oder richtigen Gebot in mir auf ewig leidvoll verbunden waren.

Gebot fünf und das Töten. Deutlich, ganz deutlich stand es vor mir, ganz klar. Es stand vor meinem inneren Auge wie ein Gipfelkreuz auf einem Berg und bestimmte alles andere. Es schien, wie wenn es die Mitte aller Gebote wäre. Knapp, gerade, unerbittlich. Ein Toter scheint eben immer unerbittlicher als ein Lebender.

Warum schämen sich eigentlich die ganzen klugen Ausleger

der Gebote nicht, wenn sie hier herumdrucksen, dass mit »töten« eher wohl »morden« gemeint sei? Egal. Ganze Aufsätze habe ich auf dieses Gebot aufgebaut, als ich mit zwanzig Jahren den Wehrdienst verweigert habe. Genützt hat es mir nicht. Die Herren Soldaten und Richter, die damals über mich urteilten, scherten sich in ihrer Rechtsprechung um den ältesten Satz des Dekalogs einen Dreck. Sie wischten ihn ebenso lässig wie lästig vom Richtertisch. Als wenn ich sie mit so alten Kamellen verschonen sollte. Lieber alte Kameraden als alte Kamellen.

Und dann das sechste Gebot. Es ist ja leicht zu merken – von wegen sechs und Sex. Das bekam auch ich noch hin. Inhaltlich tat ich mich damit schwerer. Da gab es ein paar alte Wunden in mir, die offenbar schlecht vernarbt waren. Immer noch wollte und will ich nicht einsehen, dass meine geschiedene Frau für mich die richtige Frau am richtigen Ort zur richtigen Zeit gewesen sein soll. Wie viel Zeit habe ich noch, dieses Gebot zu beachten? Und wer hilft mir dabei? Meine Kinder vielleicht oder meine jetzige Frau?

Aber wie ging eigentlich das siebte Gebot? Das wusste ich spontan gar nicht. Hoffentlich war das keine wie auch immer geartete freudsche Fehlleistung, weil ich da besonders tief drin hing, ohne es zu merken. Halt! Da fiel es mir ein: »Du sollst nicht stehlen!« Ob die teure Kugelkopfschreibmaschine, die ich einmal geklaut habe, in einer meiner hinteren Gewissensstuben immer noch nicht Ruhe gibt?

Das achte Gebot vom »falsch Zeugnis reden« kam wieder ganz sicher aus dem Rucksack der Erinnerung. Da geht es ja nicht ums Lügen. Das hätte sich die eifernde Gottheit vom Berg einfacher machen können. Kurz und präzise wie im fünften Gebot hätte sie formulieren können: »Du sollst nicht lügen!« Aber das tat sie nicht. Stattdessen redet sie vom »falschen Zeugnis wider den Nächsten«.

Dieses Gebot habe ich wiederholt meinen journalistischen Kollegen ziemlich erbarmungslos um die Ohren geschlagen. »Du sollst kein falsch Zeugnis reden wider deinen Nächsten!« Immer dann, wenn sie sich in ihren Artikeln ans Verleumden machten. Es geht beim Schreiben von Artikeln ja nicht nur darum, die Wahrheit zu schreiben und nichts als die Wahrheit. Es geht ja auch darum, Verantwortung für das Geschriebene zu übernehmen. Es geht um Rufmord an Generälen und Maschendrahtzaun-Besitzerinnen. Es geht um Rufmord an kranken Sportlern und alkoholkranken Schauspielern. Es geht um Rufmord an ganzen Städten, die niedergeschrieben werden ohne Rücksicht, solange die Verluste auf der anderen Seite zu verbuchen sind. Man stelle sich nur einen Moment lang vor, dass Menschen und Städte nicht niedergeschrieben, sondern in millionenfacher Verstärkung niedergeschrien werden! Wollen wir das? Ja, das will man. Das Volk verlangt nach Opfern; Blut und Liebe. Sex and Crime. Und die Schreihälse liefern sie. Jeden Morgen beliefern sie die Schlachthöfe der ersten Seite mit Opfern.

Aber hingehalten wie einen Mantel habe ich das achte Gebot meinen Kollegen von der schreibenden Zunft auch nicht. Ich bin stattdessen arrogant mit dem Soziologen Max Weber dahergekommen. Von ihm habe ich die Erkenntnis, dass es neben der Ethik, die prüft, ob etwas wahr oder falsch ist, auch eine zweite ethische Wahrheit gibt, die uns dafür geradestehen lässt, was wir mit einer so genannten Wahrheit alles anrichten.

Luther als Seelsorger empfiehlt den Journalisten in seinem *Kleinen Katechismus* die Berücksichtigung des achten Gebots als Medizin: »Gutes reden und alles zum Besten kehren.« Reicht das für eine Gegendarstellung, die man gerichtlich durchsetzen muss? Nein, das reicht nicht. Die neue junge vierte Säule der Demokratie, der Journalismus, muss noch durchs Feuer der Kritik des Volkes.

Und Gebote neun und zehn? Ich war jetzt mit dem Zählen beim Daumen der zweiten Hand angelangt. Ginge das nicht, je nach protestantischer Zählweise der Gebote, über die Gier als solche bis zur Gier nach »deines Nächsten Haus, Magd, Knecht, Vieh und alles, was sein ist«, unentschieden aus? Ein einziges Gebot ist es für die Calvinisten. Zwei Gebote waren es Luther wert. Kein Wunder, bei seiner lustbetonten Leibesfülle. Der hagere Calvin ist mir da näher.

## Die Suche nach einem Zugang

Ich war mittendrin, die alten Gebote für mich zu meditieren. Meditieren? Wieder so ein Modewort, das aus der östlichen Spiritualität zu uns kommt. Doch wie geht das eigentlich, meditieren? Das sagt schon das lateinische Wort selbst, welches lehrt, dass man eine Sache von Interesse in die Mitte seiner ganzen Aufmerksamkeit und Achtsamkeit stellen soll. Dann kann man um das Objekt seines Interesses herumgehen wie um ein Kunstobjekt in einem großen Museumsraum. Man kann eben nicht nur die materiellen Dinge von allen Seiten betrachten. Das lehrt schon die Kunst. Und das lehrt auch die Theologie, die über Jahrhunderte hinweg auch als Kunst an den Universitäten gelehrt wurde. »Kunst« wohl deshalb, weil man von alters her dem Exakten, Nachmessbaren in Sachen Lebenskunst und auch Heilkunst misstraute.

Was nehme ich wahr, wenn ich um eine Sache herumgehe, um alle Ansichten, alle Aspekte? Und wenn es etwas Geistiges ist, erhebt sich zudem die Frage: Wie komme ich hinein? Oder wie kommt das Objekt meines Interesses in mich hinein? Was muss ich dafür tun?

Man kann die Dinge des Lebens eben nicht nur von außen betrachten. Jeder Betrachter geht doch nur deshalb ewig um eine Sache herum, um irgendwo in sie einzusteigen und in sie einzudringen. Er geht um das Objekt seiner Begierde wieder und wieder herum, um den Teil des Gegenstandes zu finden, von dem aus man das Ganze am besten in sich aufnehmen und verdauen könnte. Menschlicher Geist übernimmt dabei auch nur die Beutestrategien des Tieres.

Nur darum ging auch ich um die Zehn Gebote herum. Wieder und wieder. Ich wollte sie endlich in mich aufnehmen. Ich wollte sie kauen, bis sie süß wurden. Ich wollte sie verdauen und an ihrer Energie wachsen. Gesetzt den Fall, sie hätten noch welche. Aber alte Objekte bergen und verbergen in sich immer einen Wert, der aller Ehren wert ist.

Ist das erste Gebot mit all seinen Aspekten wirklich das wichtigste? Gut, es steht vor allen anderen. Ist es deshalb das wichtigste? Ist hier der Einstieg? Komme ich von dort aus zum Kern? Ist das fünfte Gebot vom Töten entsprechend meinem Gefühl wirklich so etwas wie ein Höhepunkt? Es klingt nach Tabu, knapp und in seinem Sinn und in möglicher Auslegung nicht zu diskutieren. Es taugt offenbar nicht für den Markt der verschiedenen Meinungen. Es ist anders. Oder lag das nur am Druckbild, in dem es mir in Luthers *Kleinem Katechismus* erstmals zum Auswendiglernen in Schriftform vorgelegt wurde? Und wenn es so wäre? Wäre es Unsinn, dem nachzugehen?

Schließlich spricht das Göttliche immer nur zeichenhaft und indirekt zu den Menschen. Kann denn ein Höhepunkt im Druckbild bei den Zehn Geboten auch einen Tiefpunkt oder Wendepunkt im Verstehen bewirken? Es ist doch ein Tiefpunkt für die Menschen, dass sie sich als Menschengeschwister gegenseitig umbringen wie Kain den Abel. Das lateinische Wort für »tief« heißt

»altus«. Und das bedeutet eben nicht nur »tief«, sondern auch »hoch«. Warum also nicht. Denn »Fenster« ist ja dasselbe Wort wie »finster«. Und »Wunder« hört sich ziemlich ähnlich an wie sein Gegenteil, die »Wunde«. Das eine rettet, das andere tötet. Mit diesen unfrisierten Gedanken im Kopf meditierte ich weiter.

In weniger geistlichen Kreisen nennt man dieses Verfahren bekanntlich Brainstorming. Wer da zu früh sortiert – die guten ins Töpfchen, die schlechten ins Kröpfchen –, der macht am Ende nur die Erfahrung des bekannten Bauern, der nur das isst, was er kennt.

Könnte man, wenn die Zehn Gebote wirklich eine Art geistige Landschaft wären mit Tälern und Bergen, Höhepunkten und Tiefpunkten – könnte man dieses Tal oder diesen spirituellen Berg des fünften Gebots nicht auch von einer anderen Seite besteigen? Muss es denn immer nur von vorne sein, vom längst ausgetretenen Pfad, vom ersten Gebot aus? Muss man immer von Gott her kommen und denken? Welcher Mensch kommt denn ganz bewusst von Gott her? Ist es nicht möglich, vom Menschen auszugehen? Von mir auszugehen? Ich bin doch ein Mensch. Vielleicht gibt es einen ganz anderen Einstieg ins Verstehen. Und wenn ja, wo könnte der menschlichste aller Einstiege sein? Kein Einstieg, der nur menschlich, allzu menschlich daherkommt, um ja die Tiefen zu meiden.

Ich suchte stattdessen nach einem Einstieg, der von allen Menschen betreten werden kann. Ich suchte einen Einstieg, der nicht gepredigt werden muss. Ich suchte nach einer Stelle, die anknüpft, ja geradezu andockt an die Erfahrungen der Menschen. Es musste doch einen Einstieg geben, den man ohne jede religiöse oder gar fromme Voraussetzung gehen kann.

Das ist doch die Crux mit all den Offenbarungsreligionen: Ihre Lehren kommen als Predigten daher. Nicht nur, dass sie uns Hörer vor die merkwürdige Aufgabe stellen, unsere Lebenserfahrung nicht anwenden zu dürfen. Wir sollen glauben, ohne auf unsere Erfahrung aufzubauen. Dieser Zugang stellt auch die Gottheit vor Probleme. Schließlich benötigt sie von alters her für diese Form der Mitteilung immer einen Propheten. Wenn der einmal etwas über die Gottheit gesagt hat, ist die Gottheit ihre ursprüngliche Freiheit los. Was ist ein Gott, der sich an einen Propheten gebunden hat? Ist so ein Gott noch ein Gott?

Wo ist ein Weg in die Mitte der Gebote, den alle Menschen gehen können, weil sie nichts glauben müssen, sondern Schritt für Schritt ihrer Erfahrung trauen können. Wo ist ein Weg, der unsere Erfahrungen stärkt, weil er auf der Erde ansetzt und im Himmel landet?

Und wenn auf diesem Wege der Gotteserfahrung das fünfte Gebot der Höhepunkt oder der Tiefpunkt oder auch der Wendepunkt einer ganzen geistigen oder auch uralten Seelenlandschaft wäre, dann würde das ja bedeuten, dass die Gebote alle zusammen erst einen Sinn machen. Kein Berg kann alleine stehen. Er braucht das Tal. Kein Tag ohne Nacht. Keines der Gebote darf allein stehen. Eines für alle, alle für eines! Eines alleine wäre wie ein verlorenes Schaf, das zu den anderen zurückdrängt. Eines allein würde keinen Sinn machen. Es würde sogar Unsinn machen. Es wäre wie ein einziger Bestandteil einer im ganzen lebensrettenden Langzeit-Multimedizin. Allein eingenommen aber wäre eine Teil-Medizin unwirksam oder sogar kontraindiziert. Sie würde uns ver-rückt machen, weil das Gebot zuvor von den anderen Geboten weg ver-rückt worden ist.

Am vierten Gebot ist es leicht zu demonstrieren: Wie das vierte Gebot allein genommen in den Kinderseelen Unsinn stiftet, wenn sie Vater und Mutter ehren sollen, die sie schlagen, so muss es im Kontext der anderen einen ganz neuen Sinn erfüllen. Wenn nun aber alle zehn Gebote zusammengehören würden, dann müssten sie ja erst alle zusammen einen geheimnisvollen Sinn ergeben.

Was wäre das für ein verborgener Sinn? Das war mir ein Geheimnis, das bisher nirgendwo in der theologischen Literatur gelüftet worden war. Was ist das Geheimnis der Zehn Gebote? Die Fragen stürzten plötzlich auf mich ein.

# Der Einstieg

Ich kam mir vor wie der palästinensische Hütejunge, der vor einem guten halben Jahrhundert in den Höhlen von Qumran am Nordende des Toten Meeres herumklettert. Hier findet er nach 2000 Jahren einen alten Text, eine beschriebene Tierhaut, gut erhalten in einer Tonvase. Es ist ein literarischer Schlüssel der Heiligen Schrift der Juden. Ausgerechnet ein junger Palästinenser muss sie finden! Tiefer und tiefer war er geklettert, – aus lauter Neugier oder auch, weil er vielleicht eines seiner verlorenen Schafe oder Ziegenjungen suchte – um auf den Grund der Höhle zu kommen. Da sah er den Tonkrug. Die Öffnung war mit Wachs verschlossen. Was mochte da drin sein?

Der junge Palästinenser schreibt Weltgeschichte. Er macht seinen Fund merkwürdigerweise nämlich genau in den Wochen und Tagen, in denen der junge Staat Israel im fernen New York bei der UNO um seine Anerkennung kämpft. Mit welchem Recht siedeln fremde Menschen aus aller Welt auf den Weideflächen des palästinensischen Volkes? Genau da taucht der Text von Qumran auf.

Man kann die Geschichte daher auch anders sehen. Weniger historisch zufällig, eher deutend und suchend nach Zusammenhängen, die sich selbst deuten. »Spirituell« ist das Wort dafür. Es meint einen Blickwinkel, aus dem einsehbar wird, dass nicht nur der Planet Erde seine vor allen Zeiten festgelegten Runden um die Sonne zieht, sondern der Lauf der Weltgeschichte im Ganzen ebenso feststeht. Aus solcher Sicht heraus kann man sagen und spüren, dass der Junge gerufen wurde, weil die Zeit gekommen war, einem Volk nach 2000-jähriger Abwesenheit einen Grundbuchauszug über seine Bodenrechte zu besorgen. Aus solcher Sicht, sozusagen aus der Entfernung des Alle-Zeit-Überblickenden, wird eine Geschichte spirituell.

Mir war es gleich. Für mich war nur wichtig, dass man auch nach 2000 Jahren etwas finden kann, was all die Jahre zwar da war, aber nicht gesehen wurde. Es muss nur die Zeit reif sein. Und sie ist wohl reif. Denn nachdem wir alle nicht nur in einer Zeit globaler Mobilität angekommen sind, sondern auch in einer interkulturellen und interreligiösen Ära, überlassen wir die Religion nicht mehr den Spezialisten und Schriftgelehrten. Religion ist im Grunde keine Angelegenheit von Schrift. Religion ist unmittelbares Hören, Lauschen, Reden und Verstehen. Lebendige, ursprüngliche Religion ist also mündlich. Religion kehrt langsam zum mündigen Volk zurück. Und das Volk entscheidet und scheidet via Internet und globaler Kommunikation, was von den einzelnen Religionen ins gute Töpfchen gehört, zum Aufbewahren, und was ins Kröpfchen, ins Vergessen, geht.

Gibt es hinter den Vorstellungen und Glaubensinhalten einzelner Religionen vielleicht einen universellen Glauben? Mit überall verstehbaren Bildern, Mythen und Weisheiten aus der Traumzeit der Menschen, die sich an den unterschiedlichsten Stellen der Welt nur dadurch unterscheiden, dass sie mit unterschiedlichem historischen Material angefüllt worden sind. Nach einer universellen Religion schaut man sich seit mindestens 200 Jahren um. Denn eine Sintflut, einen Gottessohn, einen Erlöser, tausend Engel und Dämonen, ein Endgericht, einen Sündenbock und ein Abendmahl oder Herrenmahl findet man schließlich überall in der Weltkulturgeschichte. All das ist nicht genuin jüdisch oder später ursprünglich christlich.

Wo sie im christlichen Gewand daherkommen, sind diese Bilder und Traditionen oft in widersprüchlicher Form überliefert. Ist Jesus Christus nun Gott oder Mensch? Die biblische und kirchliche Antwort ist zweideutig: Er ist beides! Wie das? Ist das Abendmahl, die heilige Eucharistie, nun ein kultisches Sühneopferfest oder ein einfaches Brudermahl? Die biblische und kirchliche Antwort ist mehrdeutig: Es ist beides! Wie das? Es kommt eben nicht auf das Historische an. Das vermeintlich Historische widerspricht sich oft genug, weil es selbst nur Erzählung und Deutung von Geschichte ist.

Aber vielleicht gibt es in den längst bekannten Stoffen und vielfältig heiligen Schriften etwas zu entdecken, das universell ist? Vielleicht kann man es hier und heute noch entdecken. Einfach deshalb, weil eben die Zeit – wie bei den Qumranrollen – gekommen ist.

Ähnlich ist es dem Thomas-Evangelium ergangen, das man als fünftes Evangelium nach 2000-jährigem Verschollensein in Ostafrika entdeckte. In ihm verbirgt sich mehr universelle Religion als in manchem Kapitel unserer vier bekannten Evangelien. Die Auffindung des Thomas-Evangeliums ist wohl der mächtigste Hinweis des aus unserer Sicht christlichen Himmels, dass wir auch in spiritueller Hinsicht ins Zeitalter des Wassermannes eingetreten sind. Das Transpersonale wird wichtiger als das individuelle, geschichtlich Begrenzte. »Mehr Licht!« heißt die Parole bei Thomas und auch im gesamten, ziemlich dunkel beginnenden, dritten Jahrtausend nach Christi Geburt.

Also wird es auch nicht so wesentlich sein, auf welchem Material Mose die Zehn Gebote wann und wie und wo in die Hände gedrückt bekam. Waren es Tontafeln oder Steinplatten? Das wäre im besten Fall zufällig oder historisch. Mehr aber auch nicht. Wichtig wird sein, den die Zeit überschreitenden Geist herauszuarbeiten, der die Gebotssätze so und nicht anders zusammenstellte.

Und darum stieg ich auf einmal wie der junge Palästinenser vom Toten Meer zwischen den Brocken meines theologischen Wissens herum. Und ich stocherte tiefer und tiefer:

Was ist mit den Steintafeln des Mose? Sie interessieren mich nicht. Was meint jedes einzelne Wort? Es interessiert mich jetzt nicht. Wie ist das mit der Zählung? Jetzt nicht! Mich interessiert etwas Unsichtbares. Mich interessiert nur eines: Bergen die zehn Sätze, die historisch eigentlich keine zehn Sätze sind, ein Geheimnis? Wenn es nicht der Inhalt verrät, vielleicht verrät es die Form der Zehn?

Wie eine ägyptische Pyramide, genauso alt und genauso geheimnisvoll haben die zehn ehernen Sätze jetzt die Jahrtausende überdauert. Zuerst waren es nur die Tontafeln oder Steintafeln vom Berg Sinai. Dann wurden sie jahrzehntelang als Heiligtum in der Bundeslade des Volkes Israel transportiert. Die Gebote wurden ein magisches Wanderheiligtum eines Kleinvieh-Nomadenvolkes. Später, als das Volk zwischen Mittelmeer und Jordanfluss sesshaft wurde, baute Salomo einen Tempel für diese Steintafeln mit ihrer tragbaren Monstranz und den schmückenden vier Erzengeln. Ein Heiligtum, wie es die Welt an dieser Stelle der Erde zuvor nie gesehen hatte. Als Jahrhunderte später alles, was davon sichtbar und zerstörbar war, von den feindlichen Babyloniern und Römern vernichtet wurde, versenken die hebräischen Kultpriester die Thora in die unzerstörbare Erinnerung des Volkes. Wie stark muss dieses Gesetz sein, dass es ein Volk über 2000 Jahre zusammenhalten konnte! Ohne Staat, ohne Boden, ohne irgendwas. Sie hatten nur das Gesetz in den Herzen.

Alle Welt redete und redet seitdem von den Zehn Geboten. Alle Welt hat sich von beiden Tafeln ein Bild gemacht. Aber aller Welt gelingt es bis auf den heutigen Tag nicht, ihren tieferen oder gar tiefsten Geheimnissen auf den Grund zu gehen. Man hält sich in modernen Zeiten am Historischen fest. Als wenn das Historische Lebensmittel sein kann für die Lebensreise ins Unhistorische. Als wenn das rein Zeitliche das Ewige zeichnen könnte. Es können also nicht nur die zehn ehernen Sozialgesetze sein, die die Zehn Gebote ewig leben lassen.

Genau wie die Pyramiden tragen die Zehn vom Sinai, nur wenige Hundert Kilometer von den Pyramiden entfernt in Stein gehauen, durchs Land getragen und später in die Herzen des Volkes gesenkt, ihr Geheimnis wohl noch in sich. Wenigstens scheint es mir so. Denn so, wie sie aufeinandergetürmt sind, von eins bis zehn, produzieren sie mehr Unsinn als Sinn. Sie stoßen eher auf Ablehnung als auf Akzeptanz. Sie sind nicht wirklich hilfreich. Die Großen dieser Welt nehmen sie, um die Kleinen dieser Welt klein zu halten. Und die Kleinen halten sie ebenso den Großen ohne große Wirkung vor. Mehr nicht. Sie sind bis heute mehr Stein als Geist. Es sind Steine, mit denen man eher auf Feinde wirft, als Häuser für das Leben zu bauen. Es sind steinerne Wurfgeschosse und noch keine Bausteine. Oder hat man nicht genau hingeschaut? Vielleicht sind es doch Bausteine.

Ich erinnerte mich, dass ich mit meiner Familie an der Küste der Türkei spazieren ging. In der Gegend des heiligen Nikolaus war das. Am steinigen Strand suchten wir wie immer nach seltsamen Muscheln, Steinen oder nach dem, was das Meer für uns angeschwemmt haben könnte. Da bemerkte ich einen kopfgroßen Stein, der mir behauen vorkam. Ich bückte mich, nahm ihn auf und erkannte Rillen, die parallel den ganzen Stein entlang bis an einen Abbruch liefen. Es musste ein Stück Stein von einem größeren Ganzen sein. Ich legte ihn vorsichtig wieder hin. Dreißig Meter weiter wiederholte sich das Ganze. Ich lief zurück, holte den ersten Stein, türmte ihn auf den zweiten, drehte ihn. Er passt. Es war ein Stück einer antiken griechischen Säule. Kostbar! Mit diesen Steinen würde man nie werfen.

Wenn nun die Zehn Gebote behauen wären und aufeinanderpassten wie meine Säule? Würde man dann noch mit den einzelnen steinernen Scherben Gegner bewerfen? Die Großen bewerfen wieder die Kleinen und die Kleinen wieder die Großen?

Wie sehen eigentlich die Zehn Gebote für die Kleinen aus? Wie müssten sie gebaut und verstanden worden sein, wenn sie nicht als Prügel, sondern als Unterstützung und Lebensdünger daherkämen? Wie machen zehn Gebote einen Menschen groß statt klein? Wie stärken die Zehn Gebote den Menschen, statt ihn durch Vorhaltungen zu schwächen? Wie wird aus dunkler, strafender, auch historischer Theologie eine universelle Hilfe zum Leben jenseits aller Religionen? Was ist alt und muss über Bord geworfen werden, damit das Neue leben kann?

Auf meiner gedanklichen Expeditionsreise durch die gewaltigen Blöcke der Gebote kam ich mit meinen Gedanken langsam auf der Rückseite der Zehn Gebote an. So erratisch, wie sie sich mit dem ersten Gebot vor mir aufbauten, so flach schienen sie jetzt an ihrem Ende auszulaufen. Das neunte und zehnte behandeln sogar, wenn man mit Luther zählt, denselben Gegenstand. Sie reden von Gier und noch einmal Gier. Es sind lauter Wiederholungen! Man scheint in geistliches Flachland am Fuße des Berges Horeb gelangt zu sein. Statt hehre göttliche Ordnungen aus dem Universum zu erreichen, steckt man auf einmal inmitten ziemlich irdischer Dinge. Aber erklettert man einen Berg nicht von seinem Fuße aus?

Mit meinen Füßen stand ich am Fuß der zehn gewaltigen Gebote. Ich blieb hängen. Irgendetwas hielt mich fest. Was war das? Irgendetwas fesselte mich, zog mich an. Es konnte nur ein Wort aus dem Fußbereich der Gebote sein. Etwas anderes als ein bloßes, einfaches Wort gab es und gibt es dort gerade nicht. Da war nichts hoch Theologisches. Was hielt mich da, was fesselte meine Aufmerksamkeit? Warum dachte und träumte ich nicht weiter? Ich schaute hin. Es war das Wort »Gier«. Es war menschlich, allzu menschlich. Mit Gier und dem permanenten Leiden an der Gier beginnt jede Religion. Warum aber steht die Gier in meiner Religion am Schluss?

## Der Schlüssel des Begehrens

»Du sollst nicht begehren!« Das hörte sich im Text gelesen ja fast harmlos an. Es weckte bei mir sogar eher schöne, leidenschaftliche und erotische Erinnerungen.

Eine Frau und ein Mann wollen schließlich voneinander begehrt werden. »Ich begehre dich« ist doch eine Liebeserklärung. Aber »Gier«? Lehrte mich nicht vor kurzem noch der Dalai Lama persönlich und erneut, dass »Gier« neben Unachtsamkeit, Hass und Neid eines der Grundgifte der Menschheit ist? Ich war mit ihm für eine Fernsehsendung verabredet. Und es war furchtbar feierlich, bis »Seine Heiligkeit« selbst durch die Tür kam. Er lächelte. Und sein Lächeln hörte auch nicht auf, als er von diesem Grundübel unseres Menschseins sprach. Als wenn die Gier auch nur allzu menschlich sei. Da war Hoffnung in seinem Lächeln und Gelassenheit in seinem Witz. Das sahen wir Christen durch die Zeiten schwärzer und im Hinblick auf das große Endgericht auch weniger gelassen.

Aber warum sollten wir nicht im dritten Jahrtausend nach Christi Geburt auch andere große spirituelle Lehrer und Kritiker unsere Tradition durchforsten lassen? Der Dalai Lama ist mir schon seit meiner Konfirmation vertraut. Er ist mir wie ein ferner spiritueller Vater. Als Junge hatte ich das Buch *Sieben Jahre in Tibet* von Heinrich Harrer als Geschenk in der Hand, als ich kirchlich gesegnet ins Leben trat. Es ist das einzige Buch, das ich, mit Legasthenie geschlagen, in meinen Jugendjahren überhaupt las. Und jetzt, vierzig Jahre später, saß ich dem Dalai Lama gegenüber wie einem alten Bekannten, meinem persönlichen Kirchenvater. So bereitet das Leben den Augenblick vor.

Aber lehrte nicht auch unser aller Kirchenvater, der heilige Augustin, dass in dem Moment, in dem ein Mann eine Frau begehrt und in dem eine Frau einen Mann begehrt, ein neuer Mensch entsteht? Darum steht doch die Gier wie die erste böse Fee an der Wiege eines jeden Menschen. Wenigstens sieht das die altehrwürdige Kirche so und schüttet das schöne Kind der Sexualität rücksichtslos mit dem Bade aus.

Oh, du lieber Augustin, größter aller Kirchenväter, aber eben Väter, größter aller Kirchenmänner, mit einem eigenen, leiblichen verleugneten Sohn! Wenn das stimmt, was man darüber schreibt, dann hast du ihn wie Abraham seinen Sohn Isaak auf dem Altar unserer gemeinsamen Religion geopfert. Du bist nicht frei von ekklesiogenen Neurosen. Du hättest den ganzen Akt der Liebe und des Lebens weniger aus der Sicht eines einschlägig sexerfahrenen Mannes vertiefen können als vielmehr aus der Sicht mancher Frau und manchen Mannes, die nicht begehren, sondern die sich hingeben! Es sind doch Menschen, die in die Liebe »fallen«, die sie als eine Macht des Himmels erfahren und verehren! Und wie sieht das denn dein Sohn, wenn du ihm von diesem Augenblick der leiblichen Ekstase erzählst, in der er gezeugt wurde? Geht das nicht liebevoller, oder war es wirklich nicht liebevoll? Darüber wird mit dir in der anderen Wirklichkeit zu reden sein.

Warum also ist nur die Ursünde à la Augustin, nämlich die Erbsünde der Gier, als eine der sieben Todsünden der Christenheit bekannt, als Anfang von allem Bösen? Und warum ist sie es nicht nur bei uns im Judentum und Christentum, sondern weltweit und in allen großen Kulturen, die wir überblicken? Mit Leiden beginnt das Leben auf dieser Welt. Und Gier ist ihr Antrieb. Lehren die großen Religionen an diesem Punkt nicht alle dasselbe?

Und sah nicht auch der große Indianerhäuptling Chief Seattle vor 200 Jahren im fernen Amerika genau eben dies: An seiner grenzenlosen Gier wird der weiße Mann noch untergehen! Er sprach:

> *Wir wissen, dass der weiße Mann unsere Art nicht versteht. Ein Teil des Landes ist ihm gleich jedem andern, denn er ist ein Fremder, der in der Nacht kommt und von dem Land nimmt, was er braucht. Die Erde ist nicht sein Bruder, sondern sein Feind, und wenn er sie erobert hat, schreitet er weiter. Er lässt die Gräber seiner Väter hinter sich – und kümmert sich nicht. Er stiehlt die Erde von seinen Kindern – und kümmert sich nicht. Die Gräber seiner Väter und das Geburtsrecht seiner Kinder sind vergessen.*
>
> *Er behandelt seine Mutter, die Erde, und seinen Bruder, den Himmel, wie Dinge, die man kaufen kann, plündern kann, verkaufen kann, wie Schafe und glänzende Perlen. Sein Hunger wird die Erde verzehren und nichts zurücklassen als eine Wüste.*
>
> Chief Seattle

Und war nicht auch die verbotene Gier, die Neugier nach Wissen und Erkenntnis, der Anfang im Schöpfungsmythos der Juden und später auch der Christen? Fast könnte der Prolog aus dem Johannes-Evangelium, wäre er nicht auf allen Anfang der Welt gemünzt, wo das Chaos dem Logos wich, auf den Anfang des Menschen bezogen so lauten:

*Am Anfang war die Gier.*
*Und die Gier war beim Menschen.*
*Und die Gier war der Mensch.*
*Im Anfang war sie beim Menschen.*
*Alles ist durch die Gier geworden.*
*Und ohne die Gier wurde nichts,*
*was geworden ist.*
*In ihr war das Leben.*
*Und das Leben war das Licht der Menschen.*

Mir war das zu dunkel. Mir war das zu klösterlich oder zu protestantisch asketisch. Bevor wir nun selbst sexuelle Begierde und sexuelles Begehren mit der alles verschlingenden Gier in unseren Herzen gleichsetzen, lasst uns schnell einen Blick in die Traumtagebücher des Judentums werfen. Und zwar dahin, wo sie uns Bilder von der Gier an die unbefleckten Wände unserer Seelen werfen.

Die Geschichte von Adam, dem Erdenmann, und Eva, der Gebärenden, kennt nämlich noch eine ganz andere Art von »Gier«. Es ist die gute, schöpferische Gier, in der sich zwei Menschen begehren und daher neues Leben schaffen. Die Paradiesgeschichte kennt aber auch die andere, böse Macht in uns, die nach mehr Macht giert. Wahrscheinlich tut sie das, um unsere Angst und Verlorenheit auf diesem fremden Planeten zu begrenzen.

War das nicht so? Doch, so war es. Die gute Gier war eine Spielform der Liebe und des Erkennens. So tief und treffend beschrieb das Alte Testament die Liebe zwischen Mann und Frau. »Erkennen« ist eben die kultivierte Form, Liebe zu machen. Erkennen macht Kultur. Bloße Gier macht keine Kultur, sondern noch mehr Gier. Gier frisst Hirn und damit auch Kultur.

# Am Anfang die Gier

Der Einstieg in das Traumwissen unserer Kultur, in unsere Mythen und Ahnen- und Vätergeschichten, ist ähnlich abenteuerlich wie eine Expedition in die Kultur der Aborigines in den australischen Outbacks. Es ist faszinierend, was seit Jahrtausenden als Wissen über den Lebensweg der Menschen hier wie dort, auf der anderen Seite unserer Erde, in uns steckt. Am Anfang war das Traumwissen.

Und was wir wissen von unseren eigenen Anfängen, ist alles erlauscht und erträumt aus der Stille des großen Anfangs. Es ist ja kein Zufall, dass das Wissen sich gegenüber den Menschen in den großen Wüsten äußerte. In der Wüste ist die Stille am größten und die andere Wirklichkeit am transparentesten.

Doch es gibt nicht nur atemberaubende Entdeckungen in den exotischen Gegenden der Welt und ihrer Geschichte. Es gibt sie auch im eigenen Leben, im eigenen Haus, in der eigenen Familiengeschichte. Es gibt sie auch in der eigenen Religionsgeschichte. Was wissen unsere Traumgeschichten über uns? Was formt uns in der Tiefe unserer Seelen so sehr, dass wir über Jahrtausende gar nicht nötig hatten, es aufzuschreiben? Was erzählt das Traumwissen aus dem Wüstensand am Jordan über den Anfang? Was weiß es über den Menschen? Am Anfang war die Stille. Am Anfang war der stille Geist. Am Anfang war die

Stille des Geistes. Und der Geist war über den Wassern und spendete Leben.

Es gibt zwei jüdische Schöpfungsgeschichten aus dieser Zeit der mündlichen Überlieferungen. Die eine erzählt die Geschichte, die vom Chaos zur Ordnung der Dinge führt, vom Ungeordneten bis zum Geordneten und Verordneten. Es ist die Geschichte von der äußeren Wirklichkeit, von der Welt der Dinge, vom Kosmos und von der Materie. Aufgeschrieben wurde sie weniger in der heißen Wüste Judäas als vielmehr in den engen Stadtvierteln von Babylon. Da war Ordnung. Da regierte seit Jahrhunderten schon die am Kosmos orientierte Mathematik.

Und diese Ordnung und Mathematik des Zweistromlandes an Euphrat und Tigris durchziehen die erste große Schöpfungsgeschichte. Israel hat sie adaptiert. Der Heilige Geist kennt kein Copyright. Der Geist hat sie in der Verbannung von seinen hebräischen Priesterkasten aufschreiben lassen. Die saßen an den Ufern von Babylon, wo die Gelehrten den Lauf der Planeten beobachteten und berechneten. Dieses Wissen brachten die Flüchtlingspriester in ihre eigene Tradition ein. Ab da lehrten sie, dass auch der Lebensweg eines Menschen einer seit Ewigkeiten festgelegten Bahn folgt. Die Haare eines Menschen sind genauso gezählt und berechnet wie die Tage und Nächte der Planeten. Nähme man also die Flügel der Morgenröte und flöge ans äußerste Meer, so träfe man doch nur auf die eigenen Fußabdrücke im Sand.

Hier, in der babylonischen Verbannung, erlebten die hebräischen Priester aber auch einmal mehr, dass jenseits ihres eigenen Wissens von der Heiligkeit der Zahl Sieben, dieses Wissen universell zu sein scheint. Die Magier von Babylon beobachteten sieben Planeten auf ihren Bahnen, die mit der Erde etwas gemeinsam zu haben scheinen. Fragt sich nur was? Das wird noch seine Rolle spielen.

Die andere Anfangsgeschichte aus dem Traumwissen der Menschheit erzählt von der inneren Wirklichkeit des Menschen. Vom Kosmos des Geistes. Auch da gibt es feste Gesetze und Ordnungen. Es ist sozusagen die innere Schöpfungsgeschichte der Seele. Die Geschichte von einer alles treibenden Kraft, die wir Liebe nennen. Die Geschichte von Sexualität, von Begehren und Schuld, vom Gebären und Tragen, vom Kämpfen und Siegen und Flüchten. Und es ist die Geschichte von einer inneren Sehnsucht nach der paradiesischen Ordnung, die uns immer begleiten wird auf dieser Erde. Aber es ist auch die Geschichte von der alles überwältigenden Gier des Menschen.

Deckt sich nun die äußere, kosmische Ordnung der materiellen Dinge mit der inneren, energetischen Ordnung des Willens und der Verantwortung?

Mit dieser dann »gottverdammten« Gier, mit dem richtigen und falschen Begehren, fängt das Leben der Menschen in dieser zweiten Schöpfungsgeschichte an. Gier ist da nicht nur die Energie des Fortschritts. Gier ist hier das Muster des Fortschritts und Wachsens, des Werdens und Vergehens. Und das müsste sich auch in den zehn Ordnungen der Liebe widerspiegeln, die wir die Zehn Gebote nennen.

Ich hatte etwas anscheinend Alltägliches gefunden, das morphogenetische Feld des Menschen. Und dennoch war es, mitten auf dem für alle offenen, uralten Grabungsfeld der Zehn Gebote vom Sinai, scheinbar nur eine einzelne wichtige Scherbe einer ursprünglich ganz zentralen Sache. Sie enthielt einen Code, mit dem man nicht die Hieroglyphen Ägyptens, wohl aber den ursprünglichen Geist des Wüstengotteswissens knacken konnte. Eine besondere Scherbe, die alle einzelnen Scherben auf einmal sinnvoll miteinander verband. Eine Zentralscherbe, die man über all die Jahrhunderte und Jahrtausende in der Theologie übersehen hatte. Jetzt war es ein Ganzes! Was ich fand, war für mich ein zentrales Zeichen. Es war ein geheimnisvolles Symbol für etwas ganz Großes.

Ich müsste also auf meiner inneren Forschungsreise der Gier, die uns alle das irdische Leben lang bestimmt und vorantreibt, nachgehen. Ich müsste sie verfolgen, wie sie sich durch das Zeugen, Gebären, Wachsen und Erwachsenwerden zieht. Was macht sie mit uns, wenn wir nicht mehr begehren? Oder hört das nie auf? Wie wird es sein, wenn sich die kleinen Fäuste, mit denen ein Menschenkind die Welt betritt, in den Jahrzehnten langsam öffnen und bereit sind, alles herzugeben, sogar das eigene Leben? Ist dann die Gier an ihr Ziel gekommen? Dann aber müsste es ein Ende haben mit ihrer Verteufelung. Für sie müsste gelten, was für alles in der Welt gilt: Es sind das Maß und die Zeit oder Unzeit, die etwas zu Medizin, zu Gift oder Mitgift machen. Alles hat seine Zeit. Auch die Gier in uns und um uns.

Gier war also der Schlüssel, wenn ich den menschlichen Einstieg in alle Religionen dieser Welt finden wollte. Sie war offenbar ein Schlüsselwort, das mir nicht nur das zehnte Gebot aufschließen konnte. Sie konnte mehr. Ich war nämlich neugierig geworden. Da war auf einmal ein Loch, wie in einer ansonsten dichten, undurchdringlichen 1000-jährigen Rosenhecke, für mich aufgetaucht. Es lud mich ein hineinzuklettern. Ich sollte von hinten in die Zehn Gebote einsteigen! Von hinten, von der unscheinbaren grauen Rückseite, drängte ich mich also in das uralte allerheiligste Gedankengebäude meiner eigenen Religion. Ins Hinterhaus der Zehn Gebote. Da, wo die Herren nicht hinschauen. Da, wo viel von Knechten und Mägden und Vieh die Rede ist und nicht von Gott und eifernden Göttern – da war ich offenbar willkommen. Genau da war ein Einstieg für jedermann. Und genau da befand ich mich. Der Geist hatte offenbar eine Spur gelegt. Nicht vorne auf der großen Götterbühne war sie zu sehen. Eher tief im Dunkeln der Diensträume des großen Welttheaters. Und niemand hatte sie beachtet.

Dabei war eines klar: Ich würde die Erkenntnis über die Rolle und den Charakter der Gier nicht loslassen dürfen. Sie würde mich wie ein roter Faden vom zehnten Gebot, wo ich sie entdeckt hatte, über all die anderen bis ins erste führen. Die Gier war also mein Ariadnefaden durch den Irrgarten der sonst lose und scheinbar alleine herumstehenden, heiligen zehn Steine.

Und das fünfte Gebot? Es müsste die Wende bringen. Wie ein Wegkreuz schaute es doch aus dem Irrgarten meiner Gedanken hervor.

Woher ich das wusste? Ich weiß es nicht. Ein Mensch ist keine Maschine, deren Wirkung immer bestimmte Ursachen hat. Es war auf einmal da, das Wissen darüber. Nein, halt! Ich selbst wusste es gar nicht. Es wusste es. Es oder Er. Es war eben so da, wie eben Eingebungen immer einmal da sind. Da ist es doch nebensächlich, wer da gibt. Wichtig ist nur, wer empfängt. Und empfangen kann man immer nur das und so viel wie das irdene Gefäß, zu dem man sich entwickelt hat.

# Das Sinai-Programm

Ich kann es mir nicht mehr anders erklären. Mose war schließlich schon ein alter Mann, als er vor über 3000 Jahren allein ins Gebirge ging und fastete. Er suchte noch einmal eine Gottesbegegnung. Er suchte nach Unterstützung. Er brauchte eine neue Orientierung.

Nach vierzig Tagen des Fastens war sein Geist so rein wie der Körper. Alles war transparenter geworden. Vierzig Tage, so lange braucht die menschliche Seele, um eine wirklich neue Erfahrung zu machen. Die magischen Vierzig. Alles Gift war jetzt raus. Er brauchte auch weniger Schlaf. Sein Geist war von einer seltenen Wachheit und Klarheit. Geist und Seele waren jetzt aufnahmebereit. Er tat diese äußeren und inneren Schritte, um Grundsätzliches hören und empfangen zu können: die Zehn Gebote.

Er schaute auf ein Leben zurück, das abenteuerlicher nicht sein konnte. Er hatte alles, aber auch wirklich alles erlebt und durchlebt, was das Leben an Niederlagen, Verlusten und Siegen für einen Menschen bereithalten kann. Er war der tödlich bedrohte Junge gewesen, den die Soldateska des Pharao eigentlich hätte auffinden und hinmorden müssen. Und dann war er doch gerettet worden. So beginnen die Geschichten von den Lieblingen der Götter zu allen Zeiten. Glanzvolle Jahre im Palast folgten.

Und dann wurde er auch von dort, aus der Glanzwelt des Pharao, gerettet. Der Mord an einem Ägypter – oder war es doch Totschlag? – war der Auslöser. Und wieder konnte sich Mose durch Flucht retten. Dann kommt die große Wüstenerfahrung. Und wie so oft in der Wüste, entdeckt er in der Stille das Heilige. Mitten in der Wüsteneinsamkeit: alleine vor Gott! Zuerst der Kleinmut und der Mut, alles auf die Gottes-Karte zu setzen, alles auf das Heilige. Und dann gewinnen. Und jetzt die Jahre der Bilanz.

Der große Mose ist ein alter Mann, als er in der Einsamkeit der Berge Sinais nach Tagen und Nächten des Fastens eine Vision hat, wie sie stärker und eindeutiger nie vorher und nachher auf diesem Planeten war. In den durch Fasten entgifteten und geklärten Tag- und Nachtbildern seines Lebens erkennt er die Ordnung des Lebens der Menschen auf dieser Erde. Und er ist erschüttert.

In heiligem Schauer beginnt er zu formulieren, was er mit all seinen am Leben gereiften Sinnen wahrnimmt. Mose sieht das Grund-Gesetz des Menschen, wie es sich aus den vielen Mosaiksteinen seines Lebens langsam formt: Siehe, es ist eine Macht, die regiert. Es ist ein Ewiges. Es ist ein Atem, der alles regiert und belebt. Alles ist Eins! Eins ist Alles! Es ist ein Gott, der alles regiert und vom Heiligsten bis ins Profane hinein alles geordnet hat. Auf dem Berggipfel seines weit vorgeschobenen Alters sieht er den viel, viel größeren Gipfel in weiter Ferne ganz nah. Es ist der Gipfel, der alles Leben überragt. Es ist der Gipfel, der keinen Namen mehr hat. Es ist der Geist, der sich nur dadurch erkennen lässt, dass er weit im Hintergrund seine Schöpfung geheimnisvoll leitet. Mehr ist nicht zu erkennen.

Und so ordnet Mose, aus der Perspektive seines hohen Alters, die Gesetze des Lebens. Zuerst der Gott, dann die Götter, dann das Heilige und die Stille. Dann kommen die Ahnen, die, deutlich zu sehen und zu spüren, den Göttern näher sind als die Lebenden. Sie sind dem Gott durch die Stille verbunden. Dann erst, erst dann kommen die sozialen Gesetze des Lebens. Vom Gesetz über das Töten bis hin zum Gesetz, mit dem das Leben beginnt und auch weitergegeben wird – das Gesetz von der Gier.

Das Gesetz, das dem uralten und lebenssatten Mose nach einem langen Leben am nächsten ist und am deutlichsten wird, bekommt demnach den ersten Platz. Mose am nächsten liegt als erster Satz ein Introitus: Es ist ein Gott, der alles so herrlich regieret im Leben. Er steckt hinter allem. Er steckt in allem. Er lässt die Sonne aufgehen und er regiert die Nacht. Ihm gebührt der erste Platz in dem System der Ordnungen des Lebens. Er ist der Geist und das Genie, der Schöpfer des riesigen Mosaiks, der sich Mose endlich nach Jahren der Wanderungen und Abenteuer selbst offenbart hatte. Es ist der verborgene Gott. Es ist der allen Menschen lebenslang verborgene Sinn des Lebens. Er offenbart sich nicht am Anfang. Er ist scheu. Er offenbart sich in aller Macht und in allen Einzelheiten erst am Ende des Lebens. Und selbst da offenbart er sich nicht mit allem, das er ist. Er zeigt sich nur in dem, was er mit den Menschen auf der Erde vorhat. Er zeigt sich als die große Ordnung der Liebe.

Das erste Gebot ist also nichts für junge Menschen. Es ist ein Credo für am Leben Gereifte, die auf einem lebenslangen persönlichen Jakobsweg an ihrem Ziel, in ihrem Santiago de Compostela, angekommen sind. Es ist ein Credo für Lebenssatte, die alles erlebt haben und nun geschunden, mit steifen Gliedern und brüchigen Knochen, nicht mehr weitergehen können. Sie suchen nach dem, was trägt. »Wer Wolken, Luft und Winden gibt Wege, Lauf und Bahn, der wird auch Wege finden, da mein Fuß gehen kann.«

Für junge Menschen aber ist diese größte Gabe und größte Medizin vorerst nur Gift. Was will man auch als junger Mensch mit einem Blick auf das vor einem liegende Leben, der von ganz anderer Stelle aus geworfen zu sein scheint? Vom Jenseits der Zeit, Jenseits des Raums, Jenseits des Ich und des eigenen Ego. Da könnte man ja gleich alle Last und Lust hinwerfen. Die Jungen werden, wie alle Generationen vor ihnen, ein ganzes, langes Leben dafür brauchen, aus dem als Gift Empfundenen die Mitgift der Schöpfung zu entwickeln. Die junge Generation kann dieses erste Gebot nicht ohne weiteres annehmen und akzeptieren. Schließlich ist sie nicht so hoch auf die Berge des Lebens gestiegen, wie man kommen kann, wenn man Jahre mehr dafür Zeit hat. Alles hat seine Zeit. Und alles braucht seine Zeit. Auch Spiritualität. Neuer Wein zerreißt die alten Schläuche.

Das gilt erst recht für die Generation, die gerade angefangen hat, die Abenteuer des Lebens anzunehmen oder auch sich ihnen zu verweigern. Für alle die sind die Zehn Gebote wie das Geseiche eines alten Mannes vom Berg: »Vergiss es!« Doch der in allem verborgene Geist fügt noch unhörbar hinzu: »Vergiss es, um es zu besitzen!«

Am Ende der Zehn Gebote gibt es nicht nur für einen Theologen einen Eingang in die dornige Hecke. Das zehnte Gebot ist da auf einmal das erste Gebot, das einem jeden Menschen in seinem Leben begegnet. Wenn dem alten Mose mit seinen schon siebzig, achtzig Jahren das erste Gebot als Summe seines Lebens schier vor seinen Füßen lag, so liegt für den Säugling etwas ganz anderes als Aufgabe und zu bewältigende Erfahrung vor den Füßen. Genau gesehen aber liegt es dem Baby nicht vor den Füßen. Die Füße tragen nämlich den kleinen Menschen noch nicht. Wenn ein Baby etwas aufnehmen soll, wirklich in sich aufnehmen soll, am ersten Tag schon oder in der Dunkelheit der ersten Nacht, dann muss man es ihm vor den Mund »werfen«. Mit dem Mund nimmt der kleine Mensch die Welt am deutlichsten wahr.

Es ist eine Mund-zu-Mund-Kommunikation, auf die sich ein kleiner Mensch als Erstes einlässt. Ich habe es immer wieder ausprobiert, mich einem fremden Kind dadurch vertraut zu machen, dass ich mit meinen Lippen die Spiele und Geräusche imitiert habe, die ein kleiner Mensch von sich gibt. Da sind sie ganz achtsam.

Ein kleiner Mensch, für den die Zehn Gebote so gelten wie für jeden anderen Menschen auch, setzt sich nicht mit einer eifersüchtigen Gottheit auseinander. Eher schon mit seiner eigenen Eifersucht, wenn seine Mutter seiner Sucht nach Leben nicht sofort und ausgiebig nachkommt. Wobei man hier nicht von Sucht sprechen kann. Denn dass ein Mensch ein Begehren hat, ist keine Krankheit wie Sucht und Sieche und späteres Siechtum. Gier ist gesund. Ein kleiner Mensch setzt sich mit dem auseinander, was man ihm auf seine lauten Forderungen hin gibt oder nicht gibt: Milch, Wärme, Hautkontakt, Liebe!

Das zehnte Gebot ist für jedes Kind auf der Welt also unbestritten das erste. Es ist die alle Not wendende Gier nach der

Milch. Das zehnte und damit erste Gebot ist dann das grundlegende Gebot oder der grundlegende Satz über die Menschen, ihre Beziehungen und Ordnungen. Mit dem zehnten Gebot alter Zählung beginnt demnach die Reise in die Individuation des Menschen.

»Body first!« lautet das Erdenprogramm des an unserer seelischen Entwicklung interessierten Heiligen Geistes vom Sinai. Er ist das ganze Mobbingprogramm der großen christlichen Kirchen wirklich leid, das ihn als erfahrungsfeindlich und abgehoben von der Erde diskriminiert und diffamiert hat. Der Geist des Lebens verachtet den Körper nicht wie Martin Luther, der ihn als Madensack abtut. Der Geist des Sinai nimmt ihn wie Buddha als Inkarnation des Geistes und der Seele ernst. Zuerst kommt der Körper. Er ist der Erfahrungsraum auf dieser Welt. Und seine Programmierungen in unserem Leben schaffen erst die Handlungsräume der Seele und der Seelsorge des Lebens an uns.

Zuerst die Milch, zuerst die Gier! Und dann das Sinai-Programm, das uns hilft, mit ihr fertig zu werden. Zuerst das Heraustreten aus der Familie in Schule und Gesellschaft hinein, zuerst auf den Hühnerhof, und dann das Sinai-Programm, um auch damit fertigzuwerden. Und dann in der Pubertät kommt zuerst der Körper, die Liebe. Sie bildet die einzig wirksame Gegenkraft, dass das Habenwollen in uns nicht überhandnimmt.

# Verleugnete Mystik

Wie konnte es eigentlich passieren, dass über Jahrhunderte übersehen wurde, dass die Komposition der Zehn Gebote nichts anderes ist als die Reihe der unumgänglichen Stationen auf der Lebensreise eines jeden Menschen? Zehn Gebote als Stationen einer Himmelfahrt! Was war und ist da falsch gelaufen im Christentum des 20. Jahrhunderts? Was läuft vielleicht sogar weiterhin falsch, als sei nichts gewesen?

Für mich liegt die Antwort auf der Hand. Wir haben in unseren Kirchen und Gemeinden all die Jahre versäumt, uns gegenseitig die fünf, sechs Sinne dafür zu schärfen, dass jede Religion im Grunde nichts anderes ist als eine Lebens-Reisebeschreibung. Wir haben uns zwar gegenseitig als Pilger definiert und unseren Stand als Pilgrimstand besungen. Und wir empfehlen den Anfängern wie den Fortgeschrittenen im Glauben zur Festigung ihres religiösen Fundaments auch eine wirkliche irdische Pilgerreise. Die einen reisen dann nach Rom und Jerusalem, die anderen gehen zu Fuß nach Santiago de Compostela oder nach Neviges am Rhein, oder nach Altötting, Bayerns heiligstem Boden. Ich selbst pilgerte barfuß im Westen Irlands auf den St. Patrick. Und alles ist gut so.

Nur eine definitive und konkretere Reisebeschreibung für das Leben haben wir keinem der uns anvertrauten kleinen Menschen ins Taufbuch beigelegt. Wir haben nämlich jahrhundertelang den Erfahrungen unseres Leibes nicht getraut. Und dem Leib von Mutter Erde haben wir erst recht nicht vertraut. Man hat uns schließlich tausend Jahre und mehr vor beidem gewarnt. So distanzierten wir uns quasi von der Inkarnation. Wir wollten nicht wirklich geboren worden sein.

Wir haben unsere Choräle als himmlische Heimatlieder ewig Vertriebener angelegt. Hört doch, wie sie klingen! Was für eine Trauer, welch ein Schmerz, was für ein Seufzen, welch eine Sehnsucht. Wir haben uns der Welt verweigert und ihre heißen Rhythmen für den Atem des Teufels gehalten. Wir haben Religion als Regression inszeniert.

Wir haben unsere Religion zu Dogmen und losen Ritualen vertrocknen lassen, die dem Menschen jede unmittelbare Dynamik der anderen Wirklichkeit verschlossen halten. Wir haben nicht gepredigt, dass unsere Religion eine Blaupause einer inneren Entwicklungsreise ist, die jeden krummen und gekrümmten Menschen den aufrechten Gang lehrt. Das, was die Mystiker aller Jahrhunderte und Religionen lehrten, nämlich die innere Reise des Einzelnen und Vereinzelten hin zur Vereinigung mit dem großen Ganzen, hin zur heiligen Hochzeit, war unter den christlichen Altar gefallen wie unter einen x-beliebigen Tisch. Und da standen wir Priester und Pfarrherren und trampelten, ohne dass wir es ahnten, mit den Füßen drauf.

Wir hatten stattdessen alle Offenbarungsdogmen im Angebot. Unter anderen Dogmen fand sich dann auch dieses: Dass der einzige Gott seinen einzigen Sohn Mensch werden ließ, damit er für uns böse Menschen geschlagen und getötet würde. Wir aber umgekehrt am Ende straflos davonkämen. Ein Horrorangebot. Glaub es oder stirb! Himmel oder Hölle! Es war offenbar schwer zu vermitteln. Durch ständiges Wiederholen in jedem Gottesdienst haben wir aber versucht, diesen Nachteil wettzumachen.

Mehr war eigentlich nicht von den Kanzeln zu hören. Wenigstens nicht von den protestantischen Kanzeln der Welt. Die Auferstehung des Jesus von Nazaret ist bis heute eher ein orthodoxes Lieblingsthema des Ostens geblieben. Gekreuzigt wurden eben viele Menschen. Aber nur einer ist wahrhaftig auferstanden! Statt Verstehen und Verständnis von oben zu erwarten, ließen wir uns hier im Westen, das Wort verrät es, über Generationen hinweg nur abkanzeln.

Die Zeit aber wird kommen und ist schon da, dass wir Abschied nehmen müssen vom bisherigen Hochaltar des Christentums, von der Predigt vom Sühneopfer Christi. Es ist nicht Geist vom Geiste Jesu. Wir werden uns stattdessen auf das zu besinnen haben, was Jesu eigene Religion und Frömmigkeit ausmachte. Wir werden lernen müssen, uns an das zu hängen, was Jesu eigenes Bekenntnis war. So, wie es in seiner Bergpredigt vom Beten und Betenlernen deutlich wird.

Wer hängt denn sein Leben und seine Seligkeit noch gerne an einen blutrünstigen magischen Brauch von semitischen Halbwüstennomaden, die vor Jahrtausenden dem Wolf in der Wüste regelmäßig ein Lamm opfern mussten, um die übrige Herde eine Woche lang vor dem Tier aus dem Abgrund zu retten? Ein Sündenbock, ein Opfer war das, um die anderen vor dem sicheren Tod zu retten. Aus der Sicht eines Hirten ist das nur allzu verständlich, aus der Sicht eines Pastors weniger. Aus ethnologischer Sicht ist das sogar leicht nachzuvollziehen. Ich habe auch Verständnis, dass sich dieses archaische Relikt aus den tiefsten Tiefen magischen Weltverständnisses in den Grundstein einer Hochreligion einschleicht: Vater Abraham, der Vater der hebräischen Religion, ist schließlich bereit, seinen Sohn Isaak nach demselben semitischen Nomadenritual zu opfern. Religionspsychologisch ist das alles nur Ausdruck dessen, dass der abhängige Mensch mit dem kostbaren Geschenk des Lebens nicht umgehen kann, ohne das Gefühl zu haben, dafür auch kostbar zahlen zu müssen. Es ist einfach zu groß und zu wunderbar. Man kann es nicht begreifen. Aber vielleicht kann man sich sein Leben lang damit fragend vertraut machen?

Israel befreit sich nach eigenem Bekenntnis mit diesem Hirtenritual aus der ägyptischen Sklaverei. Das Blut eines Lamms wird an die Türpfosten geschmiert, an denen der Todesengel vorbeigehen soll. Und umgekehrt muss nun Ägypten einen Erstgeborenen aus jeder Familie auf den Altar legen, damit alle anderen davonkommen. Aber ist das wirklich schon Geist vom späteren Geist am Sinai? Noch einmal und immer wieder: Wer in seiner Religion Blut predigt, muss sich nicht wundern, wenn es dann auch ständig fließt. Jahrhundertelang. Jahrtausendelang! Einmal aber ist es genug. Wann werde ich das in aller Offenheit und Freiheit einmal predigen?

Die Kirche in Norddeutschland ist brechend voll. Einige Gläubige müssen sogar stehen. In die ersten Reihen hat man die Gemeindemitglieder geschoben, die auf einen Rollstuhl angewiesen sind. Und ich soll ein freies Wort an freie Bürger wagen, die seit 800 Jahren ihre Prediger selbst wählen können. Wie frei werde ich sprechen können? Mit einem Heidenrespekt klettere ich die Stufen zur altehrwürdigen Kanzel herauf. Ich fühle mich nackt ohne schriftliches Konzept. Ich rufe umso inbrünstiger um Hilfe. Hinter einer Holzverkleidung knie ich nieder. Die Seele kommt leichter aus ihrem Versteck, wenn der Körper vorangeht.

Während meiner Predigt seufze ich dann endlich, endlich, endlich, dass ich zwar seit bald fünfzig Jahren darin unterrichtet worden sei, aber immer noch nicht verstanden habe, warum der Vater im Himmel ein anderes seiner Kinder, meinen Bruder also, schlagen und schänden lässt, nur weil ich offenbar sein Sorgenkind bin. Ich bekenne offen, dass ich es nicht verstehe, trotz und wegen der hundert Bücher, die ich darüber gelesen habe. Bin ich nun dumm oder verstockt, oder ist es wieder einmal der Teufel?

Die Gemeinde, das ist bis hier oben auf der Kanzel spürbar, hält den Atem an. Eine alte Dame sagt mir später in der Bank: »Ich bin dreiundneunzig Jahre alt. Aber so etwas habe ich in einer Kirche noch nie gehört und noch nie erlebt.« Sie ist ganz dabei, als ich zu sagen wage, dass es einen anderen Weg geben muss, mit unseren Sünden fertigzuwerden. »Aber wer nimmt mir dann meine Sünden ab?«, ruft eine Rollstuhlfahrerin aus der ersten Reihe zur Kanzel hoch. Ich schweige einen Augenblick und steige dann langsam zu ihr hinunter. »Vielleicht müssen wir sie behalten?« Vielleicht sind sie so wertvoll wie alle Dunkelheit, die wir im Leben auf der Erde erlebt haben? Wer keine Nacht im Rücken hat, taugt doch nichts am Tag. Ein Tao-Wort sagt sogar, dass der liebe Gott am besten auf dem Misthaufen unseres Lebens in uns heranwächst.

»Ich will aber auch nicht«, rufe ich weiter in die Kirche, »dass mein Vater im Himmel mich für sein Sorgenkind hält und das offenbar nicht für sich behalten kann. Ich will vielmehr, dass er mit Gnade und Wohlgefallen auf mich schaut. Und dann und wann träume ich sogar davon« – und auf einmal spüre ich meine Tränen die Wangen herunterlaufen –, »dass er mehr Geduld mit mir zeigt, als es aller Welt lieb ist. Es ist ja nicht Gerechtigkeit, die uns Leben schenkte und Leben lässt. Sola gratia! Es ist die Gnade allein! Und dann wünsche ich mir, liebe Gemeinde, dass mein Vater im Himmel da und dort auch stolz ist auf meinen Mut oder Leichtsinn, wie er das vielleicht nennen würde. Und ich will stolz sein auf ihn, auf meinen himmlischen Vater, der mich so ermutigt und erleichtert. Amen!«

Es stimmt ja auch nicht, dass ich, um eines Tages in der anderen Wirklichkeit leben zu dürfen, Jesus von Nazaret als den Sohn Gottes erkannt haben muss. Paulus irrt da ganz gewaltig. Ihm lag offenbar die Geschichte vom Endgericht aus Matthäus 25 noch nicht vor. Es stimmt wenigstens nicht, wenn man auf Jesu eigenes Wort hört. Er hat davon erzählt, dass es in der anderen Wirklichkeit Menschen geben wird, alles so genannte Christopherusse, die ihn hier auf der Erde nie gesehen, gehört oder gekannt hätten. Die aber als Menschenbrüder getreu den Ordnungen des Sinai-Programms gelebt hätten. Die Sehnsucht nach einer geschwisterlichen Welt kann die Sünde offenbar in Schach halten. Sie ist wohl als einzige dem Gierprogramm gewachsen. Und später in der anderen Wirklichkeit wird jenen von Jesus selbst erzählt, wem sie denn da ihr Leben lang geholfen und beigestanden hätten: dem Herrn des Lebens selbst.

Ich finde einfach keinen Frieden in der christlichen Vorstellung, dass stattdessen ein Mensch für meine Missetaten hingerichtet wird. Und sei es auch schon 2000 Jahre her. Statt dieser blutigen Glaubenssätze, mindestens aber neben diesen blutigen Glaubenssätzen, muss ein Geist in die Kirche zurückkehren, der, wie von Jesus beschrieben, ein Geist der Ermutigung, der Fürsprache und des Aufrichtens ist. Ein Geist eben vom Stamme Sinais, vom Geist der Zehn Gebote. Ich warte auf einen Protestantismus ohne Blut. Denn Protestantismus ist, wenn wir geschwisterlich auf diesen Geist vertrauen, ohne Herrschaft der einen über die anderen, ohne Herrschaft der rechten Lehre über die linke. Es ist unser geistlicher Erfahrungsaustausch, der uns wach hält. Mehr nicht. Aber eben auch nicht weniger! In diesem Geist sind wir Protestanten, ohne die unmittelbare Nähe Jesu spüren zu können, zu einer der erfolgreichsten Selbsthilfegruppen der Weltgeschichte geworden.

Die Schiffe der protestantischen Weltkirche steuern längst in diese Richtung. Die Kreuzestheologie Europas stirbt langsam am Schwund ihrer Gläubigen. Die Pfingstgemeinden Afrikas aber, die in ihrem Glaubensleben längst auf den Geist des dritten Glaubensartikels umgeschaltet haben (»Ich glaube an den Heiligen Geist«), wachsen und wachsen und werden in zwanzig Jahren die stärkste Gruppe innerhalb der protestantischen Welt sein. Sie leben die protestantische Variante im weltweiten spirituellen Wachstum der Menschen. Sie erfahren täglich, dass man gegen die Versuchungen und Süchte dieser Welt nur mit einer Gemeinde bestehen kann, die den Charakter einer expertenlosen Selbsthilfegruppe hat.

Mystik für Anfänger ist also notwendig und heute sehr gefragt. Mystik ist dabei nur das alte theologische Wort für die

Erfahrungen des Menschen, die er auf seiner Lebensreise mit der anderen Wirklichkeit unmittelbar macht. Mystik kennt keinen Redaktionsschluss der Heiligen Schrift.

Der Vater des Lebens schreibt unmittelbar in jedes Herz. Mystik kommt im Grunde also ohne die Institution Kirche, ohne Priester und ohne Priesterkaste, ohne jede Vermittlung aus. Mystik wirkt unmittelbar. Mystik ist gefährlich. Mystik braucht keine Hierarchie, keine Macht und keine Autorität. Sie setzt allein auf das, was in der Erfahrung eines Menschenlebens auf der Erde an Himmelserfahrung evident wird. Denn jedem Menschen wird mit den Jahren zunehmend klar, womit der Anfang eines Lebens verbunden ist und womit das Ende: Das Leben beginnt als großes Geschenk, nach dem jeder greift. Und wer es recht zu leben weiß, gelangt ans große Ziel, wo er die Arme öffnen kann, um dankbar alles herzugeben. Nur dass es auf dieser Reise auch längst festgelegte Aufgaben zu bestimmten Zeiten zu erledigen gäbe, um dieses Ziel zu erreichen, das lehrte man uns nicht. Der Sinai-Code verstaubte über ein Jahrtausend in der Wüste zwischen Ägypten und Israel und über weitere zwei im Staub der theologischen Bibliotheken.

# Zweiter Teil

# Es ist genug!
## Das zehnte Gebot

*»Du sollst nicht begehren deines Nächsten Knecht, Magd, Vieh oder alles, was sein ist!«*

Womit beginnt das Leben eines kleinen Erdenmenschen? Mit einem Schrei beginnt es. Um diesen Schrei zu stillen, legt die Mutter ihr Neugeborenes an ihre Brust. So wird aus Schreien und Stillen ein erster Tag. Und wenn es gut geht, wird es auch eine erste stille Nacht auf Erden. Was ist das für ein Wunder, dass die Lippen des kleinen Babymundes genau wissen, was sie tun müssen. Was ist das für ein Frieden, wenn die Mutter zwischen ihren Fingern vorsichtig ihre Brustwarze leicht nach vorne drückt und selig auf ihr saugendes, schmatzendes Kind herabschaut.

Was ist gegen die Gier zu sagen? Nichts! Sie ist zu bewundern. Sie gehört zum lebendigen System unseres Lebens.

Die Mutter wird in den kommenden Wochen sogar lernen, dass sich der Schrei nach Leben und Milch von all den anderen Äußerungen ihres Babys unterscheidet. Dieser Schrei ist für sie nicht unangenehm. Sie wird ihn sogar herbeisehnen und unruhig werden, wenn er nicht beizeiten kommt. Er stimuliert auf seine Art ihre Milchdrüsen und die Lust, ihr Baby zu stillen. Wer nicht begehrt, lebt also verkehrt oder gar nicht. Das gilt vom ersten Schrei an und wird ein Leben lang nie enden. Willkommen auf der Erde!

Die Nachfrage regelt jetzt schon das Angebot. Das geht ja sogar so weit, dass seit alters her auch eine fremde Frau für ein Neugeborenes Amme werden kann. Selbst wenn sie nicht selbst ein Kind geboren hat, kann sie es stillen. Es sind die Schreie eines Kindes, es ist die Gier nach Leben und Milch, die Frauen dazu veranlasst, Milch geben zu wollen und zu können.

Mit dieser uralten Erfahrung schüttelt man nur den Kopf, wenn man heutzutage Frauen und auch Ärzte davon erzählen hört, dass Mütter keine Milch für ihr Kind hatten und es deshalb mit anderer, künstlicher Milch versorgt und aufgezogen werden musste. Es fehlte da wahrscheinlich nicht an Milch. Es fehlte an Geduld und Vertrauen in das alte Spiel von Begehren und Geben, mit dem das Leben beginnt und das erst im letzten Atemzug der Hingabe endet.

Ich beschreibe das deshalb so ausführlich, um von Anfang an klarzumachen, dass die Gier nach Leben auf allen Stufen des Lebens, des Alterns und des Wachsens zu uns gehört und nicht moralisch oder ethisch oder religiös diskriminiert werden kann. Gier ist keine moralische Kategorie. Gier ist im tiefsten Grunde eine Bedingung des Lebens. Sie ist eine notwendige, die Not wendende Lebensäußerung des Lebens selbst. Sie gehört zum Gesetz des Lebens wie Ebbe und Flut.

Hunger und Durst garantieren Leben und Wachsen. Menschliche Anerkennung stärkt den Lebenswillen. Sexuelles Begehren setzt neues Leben in die Welt. Begehren nach Milch und Wärme und Zärtlichkeit, nach Geborgenheit und Liebe sind demnach die Grundbedingungen, die ein menschliches Leben gelingen lassen. Jeder Atemzug zeugt davon.

Welche langen Schatten aber auf ein ganzes Leben geworfen werden, wenn dieses Begehren zurückgewiesen wird, wenn die leibliche Mutter nicht Mutter sein will oder kann, hat in jüngster Zeit Bert Hellinger mit seinem Wissen von den Ordnungen der Liebe aufgezeigt. Oft muss ein Mensch sein ganzes, verstricktes Leben lang nach der gebenden und liebenden Mutter suchen. Und wer nicht findet, was er sucht, verliert an Lebensenergie, neigt sich, kränkelt und siecht. Suchtkranke weisen oft solche Kapitel in ihrer Biografie auf.

Welche ebenso langen Schatten auf ein Leben geworfen werden, wenn die anderen, höheren Formen des Begehrens nicht gelebt und geachtet werden, zeigt sich leider besonders in strengen Kirchenkreisen. Die orthodox-christliche rigide Rezeption menschlicher Sexualität kränkt Menschen ebenso. Das ist noch freundlich brüderlich ausgedrückt. Eine in dieser Hinsicht enge Kirche wird all denjenigen Menschen nicht gerecht, die von ihr unter massiven Druck gesetzt werden, auf ihre Sexualität zu verzichten. Das geschieht bei den Priestern meinem Eindruck nach weniger oft »des Himmelreiches« als vielmehr der Aufrechterhaltung einer kirchlichen Machtstruktur wegen. Und bei den homosexuell begabten Menschen, die auf ihre Sexualität verzichten sollen, ist es ebenso weniger um des Himmelreiches willen als aus purer Angst.

Doch so sehr man schon die Gier und das Begehren des kleinen Menschen achten muss, so sehr wird bald klar, dass der Kampf der zwei Seelen, die in jeder Brust wohl wohnen, jetzt begonnen hat: Wer regiert das neue Leben? Die Gier als Solistin und erste Geige, oder das Konzert der doch alles in allem unterschiedlichen Bedürfnisse eines Menschen? Mit Gier allein ist weder ein Mensch noch Liebe zu machen, noch eine Familie zu gründen, noch Staat zu machen. Wer re-giert die Gier? Und mit welchen anderen Kräften kann man sie zurück in eine gewisse Ordnung bringen?

Dass dieser Kampf in den Seelen unserer Kinder in den ersten Lebensjahren schon voll entbrennt, erzählen unsere Märchen. In ihnen steckt das jahrtausendealte innere Wissen eines Volkes. Immer dann, wenn unsere Märchen Kinder in die weite Welt ziehen lassen, um sich dort zu bewähren, lehren sie die Kinder, mit ihrer Gier fertigzuwerden. Das ist ihr erstes großes Thema. Sie tun das indirekt, quasi wie Jesus in einem Gleichnis. Märchen wissen, dass man die Seelen nicht drängen oder zwingen kann, etwas zu tun. Märchen verfügen deshalb nur über indirekte Methoden. Da ist nicht das Rotkäppchen gierig, sondern der Wolf. Aber die Lektion, was passiert, wenn man nicht genug bekommt, soll nicht bei den Wölfen ankommen, sondern bei den Menschen. Von »Tischlein deck dich« angefangen über die vielen Märchen der Gebrüder Grimm, in denen drei Kinder in die Welt ziehen und oft genug nur das dritte, demütige, kommunikative, gebende Kind sein Ziel erreicht, streuen die Märchen Giererfahrungen und Gierbewältigung in die wachsenden Herzen der Kinder.

Ganz deutlich wird das in der Geschichte *Der kleine Häwelmann* von Theodor Storm. Es ist immer die ungezügelte Gier, wovor hier gewarnt wird. Der kleine Häwelmann lag noch in der Wiege, als er zufällig mitbekam, welchen Spaß das Schaukeln machte und wie sich durch seine Bewegungen das Bettchen langsam in Bewegung setzte. »Mehr, mehr, mehr!«, so schlug sein abenteuerliches Herz. Und weil die Eltern schliefen, war da nur der runde, volle Mond, der den Kleinen in seiner Wiege warnte.

Von dieser Geschichte mit ihren Illustrationen habe ich seit meiner Kindheit für mein Leben gelernt. Zuerst war es nur das stille Einverständnis mit dem Mond. Dann war es aber auch die Angst, ansehen zu müssen, wie die Wiege in der Nacht die Wände des Kinderzimmers herauf- und herunterfährt, wie es auf die Straße geht und in die Welt und so weiter. Erst als Erwachsener wurde mir deutlich, welche Botschaft in der Geschichte für mich versteckt war. Da gab es ja nicht nur Gierbeschreibungen. Da gab es ja auch die Medizin. Nämlich, dass nur der Mensch ein erwachsener Mensch ist, mit einer erwachsenen Seele, der immer wieder in seinem Leben in der Lage ist zu sagen: Es ist genug! Es ist genug geliebt, genug gekämpft, genug gestorben. Es ist genug gestritten. Es ist genug gegessen, genug getrunken. Es ist genug getanzt. Es ist genug Recht gehabt. Es ist genug Korn in die Scheune gefahren. »Es ist genug!« ist das Zauberwort. Dieses große Menschenwort fragt nicht mehr, wer mehr hat und wer weniger, wer Recht hat und wer Unrecht, wer nachholen muss und wer Vorsprung hat. Dieses Wort ist deshalb ein Wort aus tiefster Seele, weil es nicht zählen kann. Es ist einfach genug. Die Seele kann nämlich nicht zählen. Sie weiß nur um die Zahl Eins. Sie erkennt nur, wenn »eines« fehlt. Und wenn eines zu viel ist. Da ist sie so modern wie ein Computer und so alt wie die Welt.

Mit diesem Wort »Es ist genug!« kann man bei sich selbst die Gier zurück in ihre Ordnung bringen. Aber wer bremst in uns den kleinen Häwelmann? Wie heißt nun die Energie, die uns regiert und die wie eine Schubumkehr in uns arbeitet, wenn unser Herz und unsere Gier wieder geradezu imperialistisch nach »mehr, mehr« schreien?

Unsere Religion ist es, soweit ich es sehe, erst einmal nicht. Die große christlich-jüdische Theologie redet eher davon, dass sich der Mensch die Schöpfung untertan machen kann und soll. Und das hat er dann ja auch reichlich getan. Schließlich ist der alle Welt beherrschende und alles Leben unterdrückende Kapitalismus ein christlich-protestantisches Findel. Da wurde das »Mehr, Mehr« des kleinen Häwelmann auf einmal zur Parole von Fortschritt und Sinn. Wenn unsere Märchen (und die Lehren des Karl Marx) auch nur einen Funken Wahrheit enthalten, dann kommt die Rechnung noch.

Und auch eine kleine frühkindliche Einübung ins Beten-gegen-das-Begehren am Kinderbett ist kein wirksames Rezept. Ungeübtes Beten am Abend hilft beim Einschlafen und spiegelt dabei eher den spirituellen Wachstumsgrad der Seele. »Sag mir, wie du betest, und ich sage dir, wie sehr du spirituell erwachsen bist!«

Wollen Sie es wissen? Kleinkinder geben nämlich ihrer Gier durchaus auch einen frommen Ausdruck. Parallel zu den Bemühungen, mit der Lebensgier fertigzuwerden, sind die Gebete unserer Kinder dann angefüllt mit Wünschen nach allen möglichen und unmöglichen Dingen. Und so wie früher die Mutter die Milch geben musste, wird jetzt der Vater im Himmel nun mit Quengeln angegangen, ein Grammofon herzuzaubern. Schon

Ringelnatz lässt Kleinkinder so oder so ähnlich beten: »Lieber Gott und Christussohn, ach, schenk mir doch ein Grammofon. Ich bin ein ungezogen Kind, weil meine Eltern Säufer sind.« Das ist der Tenor, der sich durch die Gebete der Kinder zieht. Und beim Christkind, also Gottes eingeborenem Sohn, hat sich diese Version des Betens sogar ins Professionelle gesteigert und verlaufen. Beten als Bitten hilft nicht gegen eine alles beherrschende Gier. Beten kann da sogar kontraindiziert sein.

Unsere späteren Gebete sagen mehr aus über unser Erwachsen- bzw. unser Kindsein, als dass sie Medizin sind. Umgekehrt: Gebete wachsen eher mit unserer Gier und lassen sich sogar von ihr instrumentalisieren.

Zehnjährige beten darum schon anders. Da spiegelt das Gebet ein schwaches oder unsicheres Ego, das sich so gern unter Mithilfe des lieben Gottes über die anderen Kameraden erheben möchte. Schüler beten nicht mehr um rote Feuerwehrautos. Sie beten um eine Art von Potenz: »Mach mich gut, mach mich stark! Verschaff mir Anerkennung! Nicht nur in Mathematik, sondern auch bei den Mädels und den Jungs!«

Im aufkommenden Lebenskampf entpersonalisiert sich dann die Gottesvorstellung und wird zur festen Burg mit Wehr und Waffen, die uns aus aller Not, die uns jetzt hat getroffen, befreien soll. Das ist die hohe Zeit, wo Männer den Helm zum Beten abnehmen, weil man es ihnen befohlen hat. Das Ritual wirkt. Mit solchen Gebetsvorstellungen zieht man in jede Art von Krieg, wenn er nur als Glaubenskrieg getarnt wird.

Erst später, noch später, nach all den Niederlagen des Lebens spürt man den stiller gewordenen Gebeten an, dass die Gottheit wieder zu einem Schoß geworden ist, in den der Mensch sich flüchten kann. Wie die Küken unter die Flügel der Henne oder wie das Kleinkind an die Brust der Mutter. Das tut gut. Stillt also irgendeine Zugehörigkeit vielleicht unsere Gier?

Was bremst die Jagd unserer Kinder nach dem »Mehr«? Wer oder was kommt ihrer hemmungslosen Gier bei, die Geiz geil macht? Welches Kraut ist dagegen gewachsen?

Ich denke, das Kraut, nach dem wir suchen, steckt von Anfang an in uns. Wir werden so geboren. Nicht nur der Körper verfügt über Abwehrkräfte. Die Seele kennt sie auch. Es gibt nämlich eine himmlische Gegenprogrammierung. Sie wirkt wie eine Schubumkehr. Es ist die Sehnsucht nach dem Ursprung, nach Heimat, nach Familie, nach Geschwisterlichkeit, nach der Atmosphäre, in der alles, was einzeln ist, noch eins war. Doch, ja, Zugehörigkeit stillt Gier. Nur sie allein vermag das. Zugehörigkeit schafft Frieden.

Diese selig machende Erfahrung ist auch Kleinkindern nicht fremd. Ihre Unruhe und Gier sind schon gestillt, wenn sie in ihren Kinderzimmern selig spielen. Und dieses heilige Gefühl, dass sie selig spielen, kommt immer dann auf, wenn sie ihren Spielsachen eine Seele zuordnen, eine Persönlichkeit, wenn sie sie in ihr eigenes Seelenleben mit hineinnehmen. Und alles, mit dem sie spielen, ist ihnen gleichberechtigt, wie wenn auch die Bausteine Geschwister wären, die zu ihnen gehören und sie zu ihnen.

Es ist viel zu lernen in dieser Zeit. Viel, sehr viel für einen kleinen Menschen. Aber er ist ja nicht allein damit. Es gibt ja nicht nur die Mutterkraft, die ihn geboren hat. Es gibt ja schon diese unsichtbare Kraft in seiner Seele, die wirkt wie ein Gummiband. Das eine Ende scheint am Himmel festgemacht und das andere im Herzen eines jeden Kindes. Es sagt unseren Kindern heimlich, was gut ist. Der Himmel ist im Grunde attraktiv, er ist anziehend. Und wo er fern ist, spürt die Seele einen Schmerz, einen Kummer – Liebeskummer.

# Die magische Zahl
## Das neunte Gebot

*»Du sollst nicht begehren
deines Nächsten Haus!«*

Die Objekte der Gier sind in den Geboten zehn und neun im unmittelbaren Erfahrungsumfeld des neuen Menschen angesiedelt. Er kommt auf die Welt und nichts gehört ihm, weder Personen noch Sachen. Er begehrt darum alles. Er braucht alles. Alles ist ihm wie Luft zum Atmen. So sieht der neue Mensch die Welt. Und solange er begehrt, lebt er und fühlt er sie auch. Gier, begehren, verinnerlichen, saugen, essen, begreifen, festhalten. Es ist ihm alles eins.

Darum ist meine Theorie der zehn Lebensstufen mit ihren besonderen siebenjährigen Lehr- und Lernprogrammen, in denen uns die Gebote begleiten, eher an der reformierten calvinistischen Zählung orientiert. Ich betrachte daher Gebot neun von Luthers Zählung als zweite Hälfte der ersten Lebenslektion über die Gier und das Begehren des Menschen. Es kommt in diesem zweiten Teil nicht viel elementar Neues auf uns Menschen zu. Wir sind in unserer Menschheitsgeschichte stets schnell hier auf der Erde zu Hause und langsam auf dem Weg zurück in die andere Wirklichkeit.

Um aber den Lutheraner in mir zu versöhnen, dass er mir weiter folgt in meinen fremden Gedankengarten, schlage ich ihm vor, ein wenig zu meditieren. Darüber, dass unsere Gier nach Leben und die daraus erwachsenden Gefahren für Leib und Seele so umfassend und prägend sind, dass es gleich eines Doppelsteins bedarf, das Haus des Lebens darauf zu bauen. Doppelgebote sind nämlich nicht nur dem Lutheraner vertraut. Der Doppelstein der Gier begründet und dominiert das ganze Haus des Lebens auf dieser Erde. Er richtet es statisch aus. Auf ihn hin sind alle Steine geordnet. Er hat die größte Schwere. Er bildet das Parterre, per terra. Seine Gravitation bestimmt spätere Ordnungen.

In welches neue Stockwerk wir im Laufe unseres Lebens auch kommen werden, in welches nächste Stockwerk der Individuation, sei es das Stockwerk der Fremde mit etwa vierzehn Jahren, das Stockwerk der Sexualität und Ehe, der Kampf auf Leben und Tod – überall wird die Gier schon da sein. Sie verführt uns, überhaupt den nächsten Schritt zu tun. Sie will, dass wir das neue, unbekannte Stück Leben betreten und mit all unseren Sinnen in Besitz nehmen. Sie fordert, dass wir die dort wachsende Erfahrung in uns hineinfressen, kauen, verdauen und verinnerlichen, und dann aber auch den Rest ausscheiden.

Leben auf dieser Erde ist in erster Linie eben ein ausschließlich sinnlicher Vorgang. Wer wachsen will, muss zuallererst fühlen und nicht hören. Wir brauchen diese besonderen Erfahrungen wie die Vitamine, die es nur hier auf der Erde gibt und sonst nirgends. Wir müssen sie kauen wie schwarzes Brot, das auf die Dauer erst süß wird. Die Erniedrigung und Missachtung der Gier muss neu überdacht werden.

Das ist ja die eigentliche Gefahr, dass uns die Gier nach Leben anfänglich in jedes neue Lebensalter und in jede neue Reifestufe ruft und wir ihr ganz und gar vertrauen müssen. Kaum aber sind wir ihr gefolgt und angekommen, sollen aus Reisenden und abenteuerlichen Pilgern, die nur weniges für ihre Weiterreise bei sich haben, auf einmal stolze Besitzer werden. Aus Verführten sollen Führer werden, die sich beherrschen.

Besitzer aber sind schlechte Pilger. Besitzer trauen weniger ihren Beinen als ihrem Hinterteil. Sie setzen sich auf das, was sie haben, aus Angst, dass es sonst wegkommt. Daran starb nicht nur Loths Weib, sondern auch der reiche Jüngling aus dem Neuen Testament, viele Menschen in Pompeji und mancher Reiche und Kornbauer zu aller Zeit.

Also, liebe Seele, achte darauf, dass du im Haus deines Lebens nicht zum Besitzer wirst. Du bist ein Pilger, das ist wahr, und hast nirgendwo eine bleibende Stadt. Du bist wie alle deine Väterseelen im Grunde ein umherirrender Nomade. Du bist wie Abraham, ein umherirrender Aramäer. Du bist hier heimatlos. Diese Heimatlosigkeit ist zum geistlichen Orientierungspunkt der gesamten jüdischen Geschichte geworden, ganz wie ein indisches Mantra. Zu sprechen und zu verinnerlichen von jedem jüdischen Menschen. Wer reist und unterwegs ist, lebt nicht nur mit dem Himmel Wand an Wand. Ihm ist auch die Dunkelheit mit der ihr innewohnenden Angst vertraut.

Bevor nämlich die Angst, ein Nichts zu sein, die Seele frisst, hat sie längst Arme und Beine, Sehnsucht und Trieb gefressen. Angst ist ein Gift, das lähmt. Besitzer kommen nicht weiter. Sie nehmen mit ihrer verängstigten Seele die unsichtbare Seelenstruktur ihres Objektes an. Ihre Sehnsucht, als Teil eines großen

Ganzen eines fernen Tages nach langer Reise wieder zu Hause zu sein, macht sie anfällig für Krankheiten und Süchte. Hausbesitzer, welchen Hauses auch immer, kommen nicht weit. Sie fahren weniger gerne in Urlaub, ändern weniger gerne ihren Standpunkt. Ihre Seele gleicht bald ihrer Immobilie. Ihre Seele resigniert und bricht vorzeitig die Reise ab.

Keiner hat es auf einen kürzeren Nenner gebracht als Martin Luther selbst. Als er vom päpstlichen Kardinal beim Reichstag zu Worms gefragt wird, wohin er nun fliehen wolle, da er doch ab sofort als vogelfrei gelte, antwortet er: »Sub caelum!« – »Unter den Himmel!«

Wie alt muss man werden, bevor das achte Gebot als nächste und damit zweite Stufe spirituellen Wachsens und Erwachens auftaucht? Das geschieht doch nicht im ersten zweiten, dritten Lebensjahr. Das Gebot vom falschen und fälschenden Reden braucht doch Sprache. Das Gerede braucht eine gefürchtete Gleichgültigkeit oder Gleichrangigkeit von Subjekt und Objekt, von Täter und Opfer. Das Hetzen braucht doch Kameradschaft und Feindschaft.

Waren wir am Anfang des neuen Weges durch den Dekalog ganz bei der Gier nach Leben, ganz bei Adam und Eva, sind wir jetzt eine Generation in der Genesis der Menschheit weiter. Jetzt sind wir bei Kain und Abel. Das ist die Traumgeschichte aus den Anfängen unseres Erwachens, in der Ka-jin, der Kerl oder der Keil, wie man das Hebräische gut übersetzen könnte, gleich einem Arnold Schwarzenegger den Abel, den Woody Allen, den »kleinen Hauch«, am Ende aus Eifersucht umbrachte.

Aber angefangen hatte auch diese Auseinandersetzung mit

»Schlechtmachen«. Vater und Mutter der beiden konzentrierten ihr Erwachsenwerden noch ganz auf die Auseinandersetzung mit der Gier schlechthin. Die Söhne sind weiter. Der Kampf mit dem Ego beginnt. Und es geht immer um Leben und Tod.

Kann es sein, dass jeder von uns sieben Jahre Zeit hat, mit der Gier der ersten Jahre fertigzuwerden? Und wenn dann die Sprache vollständig ist und die Milchzähne der ersten Begierde ersetzt worden sind durch die starken Zähne zum Durchbeißen, dass dann ein anderes geistliches Lehrstück aufgeschlagen wird? Dass um die Zeit, zu der ein kleiner Mensch aus dem unmittelbaren Familienverband heraustritt und in die Schule oder in die Peergroup geht, die neue Herausforderung auf ihn wartet, nämlich diese: Die sieben Jahre des guten Rufes. Die sieben Jahre für den Kampf und die Gier nach Anerkennung durch die anderen.

Rudolf Steiner geht mir durch den Kopf, der hellsichtig unser Leben in Siebener-Jahresschritten eingeteilt sah. Aber für den hat die verfasste Kirche, deren Pflichtverteidiger ich ja immer noch bin, nur Spott. Er hat ja keine Theologie in Heidelberg oder Tübingen studiert. Dabei wäre bei zehn Geboten und jeweils sieben Jahren Zeit, mit ihnen fertigzuwerden, zu Steiners Gunsten ein gewichtiger biblischer Zeuge heranzuziehen. Denn diese Berechnung würde ja bedeuten, dass ein Menschenleben im Grunde siebzig Jahre währen würde. Lehrt nicht genau das der Psalm, der auf jeder Beerdigung herhalten muss? Und musste nicht Jerusalem siebzig Jahre wüst bleiben, bis eine ganze gottlose Generation ausgestorben war?

*Herr Gott,*
*du bist unsere Zuflucht für und für.*
*Ehe denn die Berge wurden*
*und die Erde und die Welt geschaffen wurden,*
*bist du, Gott, von Ewigkeit zu Ewigkeit.*
*Der du die Menschen lässest sterben*
*und sprichst: Kommet wieder, Menschenkinder!*
*Denn tausend Jahre sind vor dir*
*wie ein Tag, der gestern vergangen ist.*

*Unser Leben währet siebzig Jahre*
*und wenn 's hoch kommt, so sind es achtzig Jahre.*
*Und wenn es köstlich gewesen ist,*
*so ist es Müh und Arbeit gewesen.*
*Denn es fähret schnell dahin,*
*als flögen wir davon.*

PSALM 90

Zehn mal sieben Jahre! Und jedes Jahrsiebt hält für uns seine eigene Aufgabe bereit.

Wo ist die Wurzel vom Wissen über die große Ordnungsbedeutung der Sieben? Wussten Mose und sein Volk etwas von der geheimnisvollen Bedeutung der Zahlen? Aber sicher doch! Schließlich war einst einer seiner Vorfahren, Josef, Sohn des Jakob, aus dem Gefängnis heraus als Traumdeuter an den Hof des Pharao geschleppt worden. Der Junge bereits war auf die Sieben als Zeitperiode gestoßen. Sie wurde ihm quasi im Traum eingegeben. Traumzeit als Lehrzeit. Träumte der Pharao nicht von sieben fetten und sieben mageren Kühen und Jahren?

Und der alte Vater Jakob selbst hatte schon erfahren müssen, dass er sieben Jahre dienen musste, um seine Frau heiraten zu können. Und weiter zurück ins Traumwissen Israels: Sollte nicht sogar Abel siebenmal gerächt werden? Der Grundstein für ein Lebensgebäude, das auf dem geheimnisvollen und im Dunkeln liegenden Wesen der Sieben aufbaut, war längst gelegt.

Gewiss war das Wissen des Mose und seiner Zeit über die Sieben nicht so ausgebaut, wie es später die gesamte jüdische Tradition dominieren sollte. Aber die Zeitrechnung der sieben Tage war schon da. Auf diesen Eckstein wurde später eine ganze Sozialordnung gebaut. Im siebten Sabbatjahr durften nur die Armen auf allen Feldern ernten. Und im sieben mal siebten Jahr, im Jubeljahr, wurde sogar angedacht, eine ständige Revolution der Verhältnisse auszurufen: »Israel, alles auf Anfang!«

Später kam durch den erzwungenen Aufenthalt des Volkes Israel in Babylon zu diesem inneren Wissen über die Ordnungskraft der Ur-Sieben noch ein ganz anderer Aspekt der Sieben hinzu. Es ist ein Wissen, das nicht im energetischen Mikrokosmos von Geist und Seele seinen Ursprung hat, sondern im universalen materiellen Makrokosmos des Universums. Schließlich brauchte der Mond viermal sieben Tage, um der Erde seine vier Gesichter zu zeigen. Und alle Zahlen von eins bis sieben addiert ergaben wiederum diese achtundzwanzig. Die Sieben dominierte die Nacht und den Tag, die Woche, den Monat und das Jahr. Sieben war daher einfach die perfekte Ordnungs-Zahl.

Und so gründeten die Babylonier ihren Wochenkalender auf diese kosmische Beobachtung und auf die damals bekannten sieben Planeten. Merkwürdigerweise taten sie das zu einem annähernd ähnlichen Zeitpunkt, zu dem auch ein Mose in einer fernen Wüste der Kraft der Sieben verfiel. Das nimmt allerdings kaum wirklich wunder. Schließlich taucht die Sieben in dieser Bedeutung bei allen Völkern der Welt auf. Bei den Kelten genauso wie bei den Griechen und Sumerern. Und auch in den Hochreligionen Asiens dominiert sie die Systeme.

So komponieren also die gefangenen Priesterkasten Israels eine ganze Schöpfungsordnung, die auf der ordnenden, begrenzenden und verbindenden Kraft der Sieben ruht. Gott schuf die Welt in sieben Tagen. Denn die Ruhe und die Passion des siebten Tages gehört zur Aktivität der ersten sechs wie die Nacht zum Tage.

Welche Wurzeln aber hat die Sieben? Was ist ihr Wesen?

Die Sieben ist eine Primzahl. Niemand kann sie teilen. Entweder alles oder gar nichts. Sie umfasst auch die beiden anderen Primzahlen: die Drei, die für das Göttliche steht, das die Gegensätze von Tag und Nacht, männlich und weiblich, Yin und Yang aufhebt und damit überschreitet. Wenn man die Vier der Erde zu dieser Drei des Himmels addiert, landet man schließlich wieder bei der Himmel und Erde umfassenden Sieben. Aber auch die Fünf, die in der Numerologie des Volkes Israel immer für das Volk gestanden hat, stellt sich unter die Sieben. Die Sieben ist der Anfang aller Ordnung. Sie spiegelt sich in den Mythen der Völker. Sie durchdringt unsere Märchen, und sie bestimmt unseren Biorhythmus. Wer es so nicht weiß, weil er kein Bergmann oder Schichtarbeiter ist oder ein sonst wie den Äußerungen des Universums entzogenes Leben führt, der sei darauf hingewiesen, dass täglich sieben Stunden Schlaf am besten dazu angetan sind, das Leben zu verlängern. Alle unsere Körperzellen leben nur sieben Jahre, sagt die Medizin. Alle sieben Jahre sind wir also ein neuer Mensch. Und was dem Körper recht ist, soll der Seele nicht billig sein?

Ich weiß zu wenig über die Bedeutung und Deutung der Sieben in Physik und Chemie. Da müsste man nicht nur bei Pythagoras nachschauen, sondern auch bei den modernen Atomphysikern, die schließlich als Erstes darauf kamen, dass die Anzahl der Atome das je Besondere der einzelnen Materien ausmacht.

## Geschwisterlich leben
# Das achte Gebot

*»Du sollst kein falsch Zeugnis reden wider deinen Nächsten!«*

Wann muss man als Vater oder Mutter die Kinder zum ersten Mal ermahnen, dass sie nicht über andere Menschen, über große und kleine, herfallen und urteilen? Urteilen sie denn nicht von Anfang an immer abfällig über die anderen Kinder? Und wann muss man später auch als Bischof einer »Mutter Kirche« seine Kindlein (oder Mitarbeiter) zum ersten Mal daran erinnern, dass deren beliebtestes böses Spiel seit Kindheitstagen auch untereinander nicht »Gott wohlgefällig« ist? Eltern und Bischöfe können ihre Kinder gar nicht genug auf die Krankheit des Richten-Wollens hinweisen.

Wer nicht rechtzeitig, und das heißt jetzt und in dieser Zeit des achten Gebots, reif wird, »Ja« oder »Nein« zu sagen zu einem anderen Menschen, der wird diesen unseren ursprünglichen Reflex, den anderen Menschen hinter seinem Rücken anzugreifen und zu vernichten, weiter in sich tragen wie eine Krankheit. Das Töten des fünften Gebots beginnt hier mit bloßen Worten.

Diese Krankheit des zweiten Jahrsiebts feiert gerade bei Kirchenmenschen fröhliche Urstände, wie alle Untersuchungen offenlegen, und das hat mehrere Gründe. Einmal werden die Kinder der Mutter Kirche nicht gerne erwachsen. Unter Mutters langem weiten Kleid ist es warm und gemütlich. Eugen Drewermann hat das aufgezeigt. Dann liegt das Verächtlichmachen des anderen wohl auch darin begründet, dass die offizielle kirchliche Doktrin, alle Menschen liebhaben zu müssen, ein offenes Wort scheut. Vor lauter »Ja, ja!«-sagen-Müssen lehrt die Kirche nicht das Nein-Sagen. So wie sich unter den Feuerwehrleuten die Pyromanen vermehrt finden, so finden wir unter den Kirchenleuten die Verächter. Das achte Gebot will ja nicht das Urteilen verhindern. Es will nur das ewige Aburteilen, das von Jesus verdammte Vorurteilen, das Hinterrückssyndrom in den Griff bekommen. Und zwar von Anfang an. Da wartet eine große Aufgabe ursprünglich elterlicher Erziehung auf unsere Mutter Kirche, ganz wie auf Vater und Mutter.

Das Gleiche gilt übrigens für Vater Staat. Bei ihm sind es dann die anderen, ebenfalls uniformierten Freunde und Helfer der Gesellschaft. Statt schwarzem Habit sind sie hier grün berockt: die Polizei. Wann und wo lernt man bei der Polizei, dass auch ihre liebste Beschäftigung im Kollegenkreis, das Mobbing, dem Seelenleben des Einzelnen nicht weiterhilft? Als ob strenge und untadelige Eltern und diejenigen, die so auf uns einwirken wie Eltern, ihre Kinder geradezu in diese Sünde des achten Gebots hineintreiben.

Wer seine Kinder lehrt, von Angesicht zu Angesicht zu kommunizieren und »Ja« oder »Nein« zu sagen, nimmt dem heimtückischen Angriff von hinterrücks schon mal die halbe Kraft.

Alle paar Wochen kommt mir ein neuer Fall von kirchlichem Mobbing auf den Schreibtisch. Ausgerechnet die Kirche. Beim jüngsten Fall warf man dem altgedienten evangelischen Kollegen vor, eine Kollekte im Cent-Bereich nicht richtig abgerechnet zu haben, und wollte ihn aus der Gemeinde entfernen. Und der katholische Bischof von Regensburg ist durch seine kürzliche Ernennung dieser Versuchung des Mobbings auch nicht für alle Zeit entkommen. Ist das von mir vorsichtig genug ausgedrückt, um selbst nicht in die Falle zu tappen, »falsch Zeugnis wider« ihn zu reden? Lieber Bischof, man schickt keinen altgedienten Amtsbruder in die Wüste! Erst recht nicht, weil er sich über seinen Bischof aufregt. Aber was Hänschen zwischen dem siebten und vierzehnten Lebensjahr nicht lernte, lernt Hans nimmermehr.

Die so gemobbten Kollegen und Kolleginnen suchen wohl in mir nach einem älteren, vermeintlich stärkeren Bruder, der an ihre Seite tritt und für sie kämpft.

Von den politischen Parteien wurde diese Sünde vom falschen Zeugnis und der Ehrabschneidung so sehr kultiviert, dass sie für das Opfer schon einen allseits anerkannten Begriff gefunden haben: »Parteifreund«. Kürzer und perfider kann man es nicht formulieren. Die Missachtung des achten Gebots ist geradezu zu einer politischen Kultur herangewachsen, der sich niemand in den Weg stellen will. Sie wird am Ende dahin führen, wo wir schon zu weiten Teilen mit Kirche und Gesellschaft gelandet sind, nämlich in persönlicher Isolation, verwundet und gefährdet. Vor lauter Wunden aus der Verletzung des achten Gebots verzichten die Opfer auf den Aufbau neuer sozialer Kontakte.

Wenn Zugehörigkeit die Rettung und das Heil ist, dann ist Isolation Verdammnis und Sünde. So definiert die Heilige Schrift nämlich »Sünde«. Sie hat nichts mit Sexualität, Lust und diskriminiertem Verlangen zu tun, das uns auf dieser Welt am Leben erhält. Sie hat nur mit einem zu tun, nämlich damit, dass wir von allem, was wir zu tun oder zu lassen haben auf der Welt, entweder zu viel oder zu wenig tun oder lassen. Denn das Ergebnis ist bei beiden das Gleiche: Wir gehen einen Weg, der uns von den anderen isoliert und absondert. Wir sind aus der Ordnung gefallen. Wir brauchen den großen Arzt, der uns wieder verordnet. Er wird mit uns das Stück Leben suchen müssen, das uns fehlt. Und danach fragt ja auch ein guter Arzt.

Mit dieser These von der Sünde hatte ich vor Jahren die größte Krise meiner Fernsehlaufbahn ausgelöst. Für ein paar Minuten war meine Karriere sogar beendet. »Fliege« war abgesetzt, der Vertrag nicht verlängert. In einem Erotik-Magazin war ich nach einer Erklärung für die Sünde gefragt worden. Konkret fragte die Journalistin, ob Onanie denn Sünde sei. Gut, ich hätte klüger antworten sollen. Ich hätte sagen sollen: »Liebe Frau, gerade bei diesem Thema kommt es immer auf den Einzelfall an!« Die Lacher wären auf meiner Seite gewesen. Aber ist es meine Aufgabe als Pfarrer, die Lacher auf meine Seite zu holen? Ich habe geantwortet, dass Onanie per se keine Sünde sei. Auch wenn das in der Heiligen Schrift so steht. Besonders dann wäre es keine Sünde, wenn es einen zweiten Menschen gäbe, der dabei voller Lust zuschaut. Onanie allein praktiziert und über Jahre ausgehalten, das isoliere den Menschen von den anderen. Und dann eben und nur dann kann dieses Verhalten genauso Sünde sein wie alles auf der Welt. Denn das Ergebnis, dass man sich mit einem eingeübten Verhalten isoliert hat, ist immer dasselbe.

Die Sünde der menschlichen Isolation an ihrer Wurzel zu bekämpfen, heißt, sie nicht bei den anderen zu bekämpfen, sondern bei sich selbst. Wo hat sie ihren Ursprung?

Längst vor dem siebten Lebensjahr der Kinder haben die Eltern mitbekommen, dass Geschwister untereinander sich nicht immer hold sind. Sie drängen sich gegenseitig vom Spielzeug weg. Genauso wie sie sich gegenseitig vom Schoß der Mutter und des Vaters drängen. Aber dieses Verhalten rechne ich immer noch dem Zeitalter unmittelbarer Gier zu. Wo der heilige Augustin nur Böses am Werk sieht, das sich dann im Laufe eines Menschenlebens immer mächtiger ausbreitet, sehe ich erst einmal eine Notwendigkeit, die die Not des kleinen Menschenkindes wendet.

Doch jetzt mit sieben Jahren, wenn die Schule beginnt und man sich auch außerhalb der Familie bewähren muss, geht es los. »Vögelchen friss oder stirb!«-Parolen hängen in der Luft und werden nachgesprochen. Noten werden vergeben, Hierarchien entstehen. Und auf dem Schulhof spielen die Kinder auch in der Pause »Wer ist der Herr vom Haufen«. Mit kämpferischer Leidenschaft haben wir es als Kinder gespielt: Einer erklimmt einen Erdhaufen, die anderen versuchen, ihn herabzustoßen. Gewonnen hat, wer sich am längsten als »Herr des Haufens« behaupten kann.

Spätestens jetzt ist die Zeit gekommen, in der das achte Gebot wirksam wird und die innere Arbeit beginnt, seinem Nächsten nicht Ruf und Ehre zu nehmen, indem man »falsch Zeugnis redet«.

Ich werde nicht vergessen, dass ich in dem Alter die gleichaltrigen Grundschüler aus einem sozialen Brennpunkt in meiner Heimatstadt über Jahre dafür missbraucht habe, mich über sie zu erheben. Es waren alles Jungs aus der Nordstraße. Und ich war von daher was Besseres. Wir wohnten in der Telegrafenstraße. Wo ist der Unterschied?

Die Zeit der Bewährung außerhalb der Familie ist also angebrochen. Jetzt geht es nicht nur mehr um Milch und die Zuwendung der Familie. Jetzt geht es um Ruf, Ruhm und Ehre. Und das ist nicht nur in Süditalien immer ein Kampf, der nicht innerhalb einer Familie ausgetragen wird, sondern zwischen Mitgliedern verschiedener Familien. Zur Gier nach Milch und Anerkennung innerhalb der Familie gesellt sich die Gier nach Anerkennung auf der nächsten öffentlichen Ebene.

Diese neue Art der Gier, eine gehobene Position innerhalb der Peergroup in Schule und Clique einzunehmen, manifestiert sich in unseren Tagen durch das Tragen oder eben Nicht-Tragen von Markenkleidung. Es ist der perfideste Kampf um Anerkennung, wenn in der Schule und in der Freizeit ab sofort Kleidung mit Logo getragen werden muss, um dazuzugehören beziehungsweise um andere, die es nicht können oder wollen, auszuschließen.

Das achte Gebot ist also nicht ein Gebot gegen das Lügen. Es ist ausdrücklich auf eine ganz andere Beobachtung gezielt, die man an uns allen machen kann: Wir reden schlecht über den Nächsten, und mit sieben Jahren geht es spätestens los. Und das tun wir wohl, damit unsere eigenen Chancen auf der Hühnerleiter der Anerkennung sichtbar steigen. Und das von Kindesbeinen an.

Gegen diese Tendenz des Herzens, andere herabzuwürdigen um uns hervorzuheben, hat das Sinai-Programm Arbeit für uns alle im Angebot. Denn die einzige Medizin, die gegen jede Form von Gier in uns gleichzeitig mit heranwächst, ist die Sehnsucht nach einem geschwisterlichen Leben. Nach einem Miteinander, wie wir es in den ersten sieben Jahren unseres Lebens schon in der Familie erlebt haben. In der Familie wurden wir nicht nach Leistung eingeordnet. Wer dazugehörte, der gehörte dazu – fertig. Familie war Heimat. Und Heimat ist Seele. Wir sind ein Teil von ihr, und sie ist ein Teil von uns. Niemand kann uns trennen. Genau das muss sich auch jetzt im zweiten Jahrsiebt, draußen vor der Haustür, bewähren. An die Stelle der Geschwister treten jetzt die Freundinnen und Freunde, die Compañeros, mit denen man das Brot zu teilen lernen muss. Wenn nicht jetzt, wann dann?

Eine kleine Unterbrechung muss erlaubt sein, eine kleine Pause. Es scheint mir ein zustimmendes Nicken von Ihnen notwendig, das mich und Sie stärken soll, den geheimnisvollen Weg durch die Zehn Gebote weiterzuverfolgen.

Denn es ist ja nicht so, dass wir Menschen unter dem christlichen Himmel nicht längst um dieses geheimnisvolle Himmelsmuster hinter unserem Willen und hinter unserer scheinbar freien und willkürlichen Entwicklung wüssten. Gut, ich wusste noch nicht, was der Mose-Autor allem Anschein nach schon wusste, nämlich dass unser ganzes Leben hochgradig durchkomponiert wurde, von Stufe zu Stufe: Alle sieben Jahre eine neue Hürde. Am Anfang die Gier, am Ende das Gotteslob. Aber ich wusste oder ahnte, hinter meinem Rücken und vor meinen Füßen »wird regiert«. Irgendetwas Unsichtbares zieht die Fäden. Irgendwo spielt die Musik.

Und ich war wie alle Kinder neugierig. Wenn ich schon nicht dem Komponisten selbst begegnen konnte oder durfte, dann wollte ich aber doch neugierig herausbekommen, was er so mit mir im Schilde führt. Ich hatte damals eine gehörige Angst davor, mit den anderen Kindern und Jugendlichen »Tische-Rücken« zu veranstalten. Also, den Raum zu verdunkeln, die Kerzen anzuzünden, den Tisch in die Mitte unserer Bande zu stellen und die Geister und Ahnen zu rufen, die auch in meine Zukunft schauen könnten. Ich war zu feige. Das habe ich mir dann, wie der Psychologe C.G. Jung, aufgehoben fürs Erwachsenenleben. Da habe ich sie gerufen. Und da kamen sie auch.

Als Kind aber war ich ängstlich. Allerdings habe ich als notorisch schlechter und verängstigter Schüler die Betonplatten auf dem Bürgersteig gezählt, ob sie mir nicht eine Nachricht aus der anderen Wirklichkeit zuspielen könnten. Ist ihre Zahl ungerade, geht es schlecht mit mir aus. Ist die Summe der Steine gerade, habe ich Glück gehabt. Dann geht es gerade gut. Das war meine ganz persönliche Entdeckung der Jungschen Synchronizität. Ich musste es wissen. Einfach dafür, dass ich mich vielleicht für zu Hause warm anziehen müsste wegen einer versauten Lateinarbeit. Denn wenn man etwas Unangenehmes erwartet, soll man nicht länger warten, sich auch darauf einzustellen und vorzubereiten.

Was weiß denn der scheinbare Zufall von Pflastersteinen mehr über mein Leben als mein enger, nach Logik konstruierter Verstand? Was weiß das gepflückte Gänseblümchen mit seinen Blütenblättern mehr über die Liebe als mein Herz? Was lesen die Schamanen aus den Eingeweiden toter Vögel über die Zukunft ihres Stammes? Und was weiß der Kaffeesatz in Verbindung mit der Tiefe meiner seelischen Bilder mehr über meine Zukunft als alle Experten und Theologen der Welt?

Über den Kaffeesatz und seine Leserinnen zu spotten, das brauche ich schon lange nicht mehr. Ich muss auch nicht mehr an sie glauben oder an ihnen zweifeln, seitdem ich selbst erlebt habe, dass eine medial begabte Frau das ganze Leben einer zweiten unbekannten Frau aus einer ausgegossenen Kaffeetasse lesen kann. Ich weiß es. Ich muss es auch nicht mehr nur glauben wie alle meine Fernsehzuschauer, die am Bildschirm dabei waren, sich aber auch nicht ganz sicher sein können, ob nicht da oder dort gepfuscht worden ist. Für mich gibt es in dieser Frage den historischen Graben nicht, der den klugen, kritischen Lessing noch von Jesus von Nazaret mit seinen Wunderwerken trennte.

Die Frau, die ich eingeladen hatte, um gemeinsam eine solche Kaffeesatzleserin zu testen, war dieser zuvor niemals begegnet. Jetzt goss sie auf Anweisung das bisschen kochende Wasser auf ein wenig Kaffeesatz, schleuderte den dicken braunschwarzen Sud ein paarmal in der Tasse rund und rund, und fertig. An den Rändern der weißen Porzellantasse klebte ein braunes Kaffeesatzmuster. Die Leserin wartete, bis das Muster trocken war. Dann nahm sie die Tasse nah an ihre Augen und drehte sie langsam. Zwölf Abschnitte wolle sie sich anschauen. Vom Henkel der Tasse angefangen sei das Leben in zwölf imaginierten Abschnitten am Tassenrand zu lesen. Und dann sagte sie es der fremden Frau auf den Kopf zu: »Sie haben ein großes Problem mit einem Mann, der im Sternzeichen des Stieres geboren ist.« Woher wusste sie das? Sie wusste es, weil sie mit viel Fantasie in den Kaffeesatzmustern einen Stierkopf sah. Und dass der Vornamen des Mannes mit M oder W beginnen müsse. Denn auch das M oder W sei als Muster erkennbar. So ging es weiter. Alle zwölf Abteilungen an der Innenseite der Kaffeetasse entlang. Alles stimmte: Der Mann mit W war ihr untreu gewordener Ehemann, der Wolfgang hieß. Alles, alles stimmte.

Es gibt offenbar medial begabte Menschen, mit guten Gründen sind es besonders oft Frauen, die einen irgendwie gearteten Kanal für Kontakte und Einsichten nach unten oder oben pflegen. Das fängt bei der Totenbeschwörerin von Endor an und endet bei meiner Engelsforscherin, die ich dann und wann besuche, um mit meinem Schutzengel zu reden. Und ab und zu ruft mich ein befreundeter jesusgläubiger Schamane an, um mich vor etwas zu warnen, was auch prompt eintritt.

Unser Lebensplan steht schon. Wie ein Wetterbericht des Lebens kann er abgelesen werden. Die Tornados und Turbulenzen der Vergangenheit tauchen da genauso auf wie die Hochs und Tiefs des Lebens, die auf uns warten. Aber nicht jeder von uns ist begabt oder trainiert, diese andere Ebene der Wirklichkeit wahrnehmen zu können. Und mancher hat auch Angst. Andere wiederum empfinden Demut.

Wenn es den Sinai-Code gibt, wenn mein Lebensweg sich unter meinen Füßen nur noch ausrollt wie ein Teppich, der aber vor aller Zeit schon gewebt ist, dann muss es auch »Techniken« geben, ihn deutlicher wahrzunehmen, als wir es gemeinhin tun. Hatte Jesus nicht gelehrt, dass Frömmigkeit und Spiritualität im Grunde nichts anderes sind als eine Form gesteigerter und geübter Wachsamkeit? »Wachet und betet!« hatte er gesagt. Und seine Jünger schlafen bis auf den heutigen Tag lieber ein, um dann ausgeschlafen ein erschütterndes Schuldbekenntnis zu formulieren, weil sie wieder einmal geschlafen haben.

Es ist ja wohl auch kein Zufall, dass ausgerechnet aus dem Pietismus der Herrnhuter Brüder sich die spirituelle Technik der täglichen Losungen und Bibellesungen entwickelte. 365 Textstellen aus dem Alten Testament werden unter rituellem Gebet aus einer großen Trommel gelost. Jetzt muss man nur noch sein Herz öffnen, um einen Blick auf die Sorge des Universums um eines seiner Lebewesen aufzufangen. Das Leben sorgt sich offenbar um mich. Die Stillen im Land, die sich auch mithilfe der Psalmen den rechten Weg aus dem Himmel erlauschen, wussten es immer schon.

Aus dieser Herrnhuter Tradition ging dann ein württembergischer junger Pfarrer vor hundert Jahren in die China-Mission und wurde dort zu einem weltweit geachteten und gefeierten Sinologen, der das Orakelbuch der Wandlungen, das *I Ging*, in die Denk- und Lebenstradition des Westens übertrug. Chinesen zu taufen, kommt ihm dort absurd vor. Sein pietistischer Schwiegervater, auch Pfarrer, hat ihn darin immer brieflich unterstützt. »Christen brauchen sie (die Chinesen) gar nicht zu werden. Diesen Namen sollte man in fremden Ländern gar nicht aufkommen lassen. Wer den Willen Gottes tut, ist des Himmelreiches Kind, ob er nun von Konfuzius oder von Kirchenvätern abstammt.« Dem alten frommen Mann zu Hause waren alle kirchlichen Rituale schon so ausgehöhlt, dass er auch gegen das Kirchenrecht Kinder segnete und Selbstmörder auf dem Friedhof begrub. An seiner Seite hatte der junge Missionar in China auch seine Ehefrau, Salome Wilhelm, geborene Blumhardt aus Bad Boll.

Die Technik, mithilfe von vierundsechzig getrockneten Schafgarbenstängeln in sein eigenes Unterbewusstsein zu schauen und dort lesen zu lernen, hat man mir beim Theologiestudium in Tübingen nicht beigebracht.

Was weiß die andere Wirklichkeit darüber, was aus mir werden wird, wenn ich jetzt mit vierzehn Jahren alt genug bin, meine Familie zu verlassen? So würde Richard Wilhelm und sein ebenfalls pietistisch geprägter Hermann Hesse das I Ging-Orakel aus dem Buch der Wandlungen befragen. Es könnte mit seinen vierundsechzig Möglichkeiten so antworten:

»Jugendtorheit hat Gelingen,
nicht ich suche den jungen Toren,
der junge Tor sucht mich.
Beim ersten Orakel gebe ich Auskunft.
Fragt er mehrmals, ist es Belästigung.
Wenn es belästigt, so gebe ich keine Auskunft.
Fördern ist Beharrlichkeit.«

# Zeit der Bewährung
## Das siebte Gebot

*»Du sollst nicht stehlen!«*

Mit vierzehn Jahren geht es hinaus in die Welt. Alle Kulturen und Völker dieser Welt wissen um diese besondere Schwelle im Leben eines Menschen.

Es sind ja jetzt gleich zwei ganz unterschiedliche Hürden zu nehmen, die nun als Fremde und Angst daherkommen. Aus der Tiefe der Gene wächst sich die Geschlechtsreife voll aus. Die größte Revolution im körperlichen Leben des jungen Menschen strebt ihrem Höhepunkt zu. Und als wenn das nicht Fremdes und Unsicherheit genug mit sich brächte, muss auch die äußere Fremde betreten werden. Die Familie entlässt nun ihre Kinder. Das Nest ist zu klein geworden. Vogel flieg oder stirb, weil dich die Katze holt! Der Wanderstab will in die Hand genommen werden. Ein Handwerk wartet oder ein fremder Meister, eine ferne Schule und andere fremde Horizonte. Die Kindheit ist vorbei. Freundschaften sind geschlossen, Blutsbruderschaften wurden gefeiert, die von nun an ein Leben lang halten werden. Was jetzt an Freundschaft und Geschwisterlichkeit gesät und gepflegt wurde, kann kein Mensch mehr trennen.

»Es, es, es und es, es ist ein harter Schluss. Weil, weil, weil und weil, weil ich aus Frankfurt muss. Drum schlag ich Frankfurt aus dem Sinn und wende mich Gott weiß wohin. Ich will mein Glück studieren, studieren!«

Die Initiationsrituale der Religionen versuchen von alters her, diese Schwelle mit Ritualen zu »überspielen«. Sie wollen sie für die Seele wieder so aufbereiten, dass sie darüber hinwegschlüpfen kann. Rituale sind für die Seele indirekte Mitteilungen. Spielerisch, eben liturgisch ritualisiert, wird der Übergang durchgearbeitet. Archaische Kulturen schicken ihre Söhne zur Bewährung in die Dunkelheit des Dschungels und der Fremde. Die Angst muss erlebt und durchstanden werden! Bewährung ohne Vater und Mutter steht an. Mädchen müssen sich da und dort in der Welt noch grausamsten Ritualen stellen. Und auch in unseren Breiten kommt der Weihbischof noch vorbei und schlägt die Kinder symbolisch auf die Wange, um ihre Standhaftigkeit zu testen. Er will sie auf diese Weise geistlich impfen. Es geht schließlich hinaus ins feindliche, vergiftete Leben.

Was kann man da als Vater oder Mutter den Kindern, die man seitens der Familie jetzt nicht mehr schützen kann, mit auf den Weg geben? Die Geschichte vom verlorenen Sohn zum Beispiel. Die erzählt ja davon, dass man von den Altvorderen alles fordern soll, was einem zusteht. Die Geschichte rät sogar, dass man alles auf den Kopf hauen kann, weil eigene Erfahrungen das Wertvollste sind, was man im Leben erwirtschaften oder sammeln kann. Und später kommt einem auch noch der Vater in Feierlaune entgegen. Stimmt. Das wäre eine Geschichte zum Abschied. Ich würde empfehlen, sie einfach unkommentiert in einem kleinen Ritual vorzulesen. Noch einmal: Unkommentiert wegen der feinfühligen Seele, bitte! (Sie ist ein scheues Reh.) Kein Kind wird das vergessen.

Kurz: Was für ein Segen ist der wichtigste? »Das Wichtigste, was du jetzt in der Fremde lernen musst, ist, dass du nicht stiehlst. Es gehört nicht mehr allen alles. Es gehört nicht mehr deiner Familie oder deinem Stamm. Es gehört nicht einmal mehr deiner Kultur, was du siehst. Achte es! Nimm es nicht an dich! Nimm es nicht in Besitz. Nimm es auch nicht mithilfe von Gesetzen in deinen Besitz. Nimm es gar nicht. Finde vielmehr den Weg aus dem bekannten Habenwollen ins unbekannte Seinwollen!« So hätte das Erich Fromm ausgedrückt, wenn er seine Kinder ins Leben entlassen hätte.

Es ist ja nicht so, dass wir nach zweimal sieben Jahren das Wachstumsprogramm, das das Leben einem jeden von uns vor die Füße wirft, damit wir es bewältigen, auch hinter uns lassen können. Umgekehrt wird jetzt eher und erst recht ein Schuh daraus. Wie in einer Schule wird in der nächsten Klasse der höheren Lehranstalt aufgesattelt. Der Lernstoff aus der abgeschlossenen Klasse ist immer die Basis für die Herausforderung des nun Fortgeschrittenen. »Fassen wir zusammen«, sagt also das siebte Gebot zum Abschiedsfest aus der Familie und nimmt sich erst einmal für die Repetition der ersten zwei beziehungsweise drei Gebote wieder Zeit. Der Pfarrer packt gleichzeitig im Konfirmandenunterricht für die Vierzehnjährigen die spirituelle Notration zusammen. Denn dass im Stehlen eine Versuchung liegt, ist ja auf den ersten Blick nicht wirklich neu. Es scheint doch nur die Zusammenfassung zu sein von dem, was man an sichtbaren Dingen nicht begehren soll, wie es im zehnten Gebot stand, und an unsichtbaren Dingen nicht stehlen darf, wie Ruf und Ehre, was eben erst zu lernen war.

»Du bist jetzt vierzehn Jahre, mein lieber Sohn, meine liebe Tochter«, sagt das Gebot. »Und in den ersten sieben Jahren wurdest du mit der Gier und dem Begehren konfrontiert, ohne die man auf dieser Welt nicht leben und alt werden kann. Ohne die frühe Gier kann man nur sterben. Aber du musstest lernen zu erkennen, dass nicht die Gier Herr im Hause deines Herzens sein und bleiben darf, sondern allein du selbst! Es gibt eben neben den tierischen Begierden noch eine andere Instanz, die deine Persönlichkeit ausmacht. Frage dich: Was brauche ich wirklich zum Leben, und was ist nur meiner Gier nach immer mehr geschuldet? Wovon war ich nach dem Genuss der Muttermilch gestillt und stille? Das war doch die Gegenwart der Mutter selbst! Milch allein macht nicht satt und warm zugleich. Und warum reicht mir heute weder Milch noch sonst etwas aus, um so gestillt zu sein wie damals oder auch nur stille zu werden und zu bleiben? Wer tritt an die Stelle der Mutter? Vergiss nicht, mein liebes Kind, wenn du dich genau erinnerst, dass erst die erfüllte Sehnsucht nach Mutter und Vater und deren Schutz dein Schreien und deine Gier stillen konnten.«

Später dann im zweiten Jahrsiebt, in der zweiten Zeit des Lebens, wurde der Hunger nach Ehre und Anerkennung, diese Gier nach dem Sehen, aber vor allem Gesehenwerden auch nur dadurch gestillt, dass man auf die Geschwisterlichkeit der ersten Familie die Freundschaft und Kameradschaft jenseits der Familie setzen konnte. Hier wie dort aber zeigte sich, dass man der Gier umso besser Herr wird, je mehr man weiß, zu wem man gehört. Angenommen sein stillt die Gier.

»Wem hörst du?«, fragten mich die Erwachsenen in meiner kleinen Heimatstadt, wenn ich wieder einmal mutterseelenallein durch die Straßen lief. Sie wollten wissen, zu wem ich gehörte. Und ich musste dann den Namen meiner Mutter oder meines Vaters nennen. Je nachdem. Dann waren die Leute zufrieden und ließen mich laufen. Die Medizin gegen die Gier nach Anerkennung und Ehre und gegen die Verlorenheit ist wieder einmal wie im ersten Jahrsiebt Zugehörigkeit. Das muss man wissen, wenn man in Deutschland über Schuluniformen nachdenkt. Das muss man wissen, wenn man in einer Kirchengemeinde Jugendgruppen aufbaut. Es geht jetzt nur um Abenteuer und Bewährung und Zugehörigkeit: Das Leben als gemeinsam durchstandene Nachtwanderung! Das muss ein Fußballtrainer mit seinen Superstars ebenso wissen und berücksichtigen wie einer, der mit seiner Partei ein Land regieren will. Es kommt nicht auf möglichst viel Individualität an, sondern auf Zugehörigkeit. Zugehörigkeit heilt. »Freiheit« ist eine gefälschte Parole des Teufels. Man will nur frei von allen Bindungen sein, um neue einzugehen.

Jetzt aber, so legt dir das siebte Gebot nahe, beginnt die Pubertät. Was auf dich einstürzt, kommt zuerst von tief drinnen und dann auch von außen. Der Geist der Zehn Gebote weiß wohl, dass man Menschenkindern, bei denen sich in diesen Zeiten scheinbar alles von innen nach außen auf den Weg macht, nicht mit Herausforderungen kommen kann, die von außen tief nach innen dringen sollen. Predigen ist sinnlos. Die Zeit des Hörens und Gehorchens ist vorbei, die Zeit der Bewährung beginnt.

In der Zeit des siebten Gebots, »Du sollst nicht stehlen!«, kommt es darauf an, dass man wie in einem Gärprozess den jungen Wein begleitet. Engt man ihn ein, wird er alles zerstören. Energie genug hat er. Das siebte Gebot ist in der ersten Zeit also ein Begleitgebot. Aber es hat wie alle Gebote für die Lebensphase, der zu Hilfe es verfasst wurde, nicht nur die Gefahrenquelle zu nennen, sondern auch die Medizin dagegen zu transportieren.

Aber wie zu allen anderen Zeiten auch die seelische Medizin aufscheint, die gegen das Verlassen des rechten Weges gewachsen ist, so blüht sie in diesem dritten Lebensabschnitt gewaltig auf. Mitten in den Übungen gegen die Angst, doch nur ein Nichts zu sein, nichts zu haben und nichts zu gelten, mitten auf dem falschen Weg, alles haben zu wollen, um es scheinbar zu besitzen und sich panzern zu wollen gegen das lebendige Leben – da taucht sie auf, die Medizin, die Flora, die Blüte, das Flirten, die Liebe. Die erste Liebe, die große Medizin gegen alle Krankheiten und Gekränktheiten des Lebens. Jeder will zu einem anderen gehören. Keiner will und kann allein sein. Junggesellen, die es nicht begreifen können, sehen dann später aus wie übertragene Kinder. Mädchen werden zu alten Jungfern.

# Hingabe lernen
## Das sechste Gebot

*»Du sollst nicht ehebrechen!«*

Es ist jetzt Frühsommer im Lebenskreis geworden. Alles drängt nach außen. Alles will aus dem Häuschen. Blühen und Flirten ist angesagt. Grenzen werden genommen, die bisher unüberwindbar schienen. Alles hat nur ein Ziel: Vereinigung, neues Leben!

Die Zeit der Hingabe kündigt sich jetzt an. Das Begehren in uns bekommt dabei eine ganz neue Richtung. War es bislang eher darauf gerichtet, die eigene Person lebenskräftig zu erhalten und zu wachsen, geht es jetzt nicht nur darum, scheinbar noch eins draufzusetzen und einen anderen Menschen zu besitzen und zu beherrschen, um es dann doch Liebe zu nennen. Werbespots reden so: »Mein Haus, mein Boot, mein Auto, meine Frau!« Wer so schaut und spricht, schaut nicht weit oder tief genug. Auf der Tagesordnung des Lebens steht nämlich zum ersten Mal die Begegnung mit dem Begehren an sich.

Aber beginnen wir ruhig oberflächlich damit, dass wir uns Sex in der Männergesellschaft als Ware vorstellen, die gehandelt wird. Diesem Handel ist es gleichgültig, ob zur Erfüllung seiner Ziele Ehen in Mitleidenschaft gezogen werden. Die Bandbreite solcher Handelsware geht vom kurzen Besuch bei einer Prostituierten bis zur gekauften Frau aus dem Osten, die man nicht einmal versteht. Alles ist möglich für den, der da zahlt.

Schlimmer wird es dann, wenn diese Gier nach sexueller Erfüllung oder Befriedigung pathologisch wird, wenn also Sex zur Sucht wird. Nun unterscheidet sich diese Sucht nicht wesentlich von allen anderen, von Drogen- und Tabletten-, von Alkohol- und Spielsucht. Die Abhängigkeit bestimmt das Leben. Dabei muss man sich nicht einmal einem traditionellen Bild von ewiger Treue verpflichtet fühlen, um das Drama im Leben eines Mannes zu ahnen, der getreu den Gesetzen der Sucht immer mehr, immer öfter und immer heimlicher seiner Befriedigung frönt, also in Frondiensten ist, ein Leibeigener seines eigenen Leibes. Er zerstört genau wie seine Leidensgenossen Familien und jede Form von Beziehung.

Wer so begehrt und seiner Gier nachgibt, ist noch nicht weit gekommen. Mit seinem neuen Objekt dreht er höchstens eine Ehrenrunde in der Schule des Lebens. Habenwollen und Seinwollen waren doch schon in den unteren Jahrgängen Unterrichtsstoff.

Im Grunde genommen hat das Sinai-Programm nicht einmal etwas gegen solche Übungen einzuwenden, wenn sie denn nicht Ehen brechen. Dazu gehört sicher auch die eigene, die man nicht zu führen in der Lage ist, solange man sexuelles Begehren als Ware erfährt. Dem System der zehn Sätze vom Berg Horeb geht es darum, die Ordnung des langsamen Zusammenwachsen von Mann und Frau zu schützen und den Kinder die primären Erfahrungen einer heilen Familie zu gewähren. Wer die noch ausstehenden Prüfungen des Lebens nicht gefährden will, muss jetzt als Frau lernen, einem Mann zu folgen, um mit ihm in der neuen Welt von morgen zu kämpfen und zu siedeln. Und der Mann wird ihr dienen lernen müssen und, kaum dass die Kinder groß sind, ihr folgen in das ihm unbekannte Land der Hingabe. Diese von allen Seiten bekämpfte und gefährdete Ordnung der Liebe und des Lebens muss geschützt werden.

Hier setzt der Lehrer aus Nazaret an, wenn er Männer und Frauen in ihrem natürlichem Begehren auf den Schutz der Familien zurückwirft. Ehebruch fängt nach seiner Beobachtung mit scheinbar harmlosem Begehren und Flirten an. Aber schon in diesem Augenblick hat es Auswirkungen auf die Familienseele, die es zu schützen gilt.

An mir selbst und meiner Familie musste ich nämlich eine merkwürdige Beobachtung machen. An meinem Arbeitsplatz, der über 600 Kilometer von Frau und Kindern entfernt war, kam es immer wieder vor, dass mich eine Frau faszinierte. Aber wenn ich dem nachgab und sie zum Essen einlud und später mit schlechtem Gewissen zu Hause anrief, hörte ich regelmäßig, dass eine meiner beiden Töchter überraschend das Bett hüten musste, weil sie krank geworden war. Merkwürdig zwar, aber für mich immer noch nicht Grund genug, die Ordnungen der Liebe zu achten.

Es ist die größte Hürde im Leben von uns Menschen, die jetzt genommen werden will. Keine ist so hoch und so weitreichend wie diese. Wird meine Sexualität mich beherrschen, oder beherrsche ich meine Sexualität? Wird die tief in mir programmierte Begierde, mein Leben und meine Gene weiterzugeben, komme was da wolle, zum Cantus firmus meines Erwachsenenlebens – oder kann ich dem etwas entgegensetzen? Schließlich haben gerade Männer in ihrem Leben die realistische biologische Gelegenheit, mit verschiedenen Frauen bis zu 700 Kinder zu zeugen. Ein solches biologisches Programm wirkt tief in den Alltag und in die Träume hinein und begünstigt das, was wir in unserer Kultur Untreue nennen. Aber auch Frauen haben die Möglichkeit, in ihrem Leben viele Kinder von mehreren Männern zu empfangen. Nur sind es entscheidend weniger, da das Austragen und Großziehen der Kinder Kraft und Jahre kostet. Ihr potenzielles »Untreueprogramm« ist daher weniger umfangreich angelegt.

Mit keiner »Gier« und mit keiner Art des Begehrens hat sich die christliche Kirche so schwergetan wie mit dieser. Und an keiner hat sie sich so die Zähne ausgebissen bis dahin, dass sie großen Teilen ihrer Priesterschaft verbot, der Macht der Sexualität auch nur in Ansätzen nachzugeben. Damit stehen im Besonderen die römisch-katholischen Traditionen der Kirche nicht einmal alleine da in der bunten Welt der Religionen. Alle Hochreligionen wissen davon, dass Enthaltsamkeit in Sachen Sexualität Ausdruck dessen sein kann, dass man mit ihr als größter Herausforderung alle Formen des Begehrens in den Griff bekommen hat. Von »Abtötung aller Fleischeslust« ist in diesem Zusammenhang oft die Rede. Der Dalai Lama sieht es ähnlich. Aber warum fahren alle großen Religionssysteme so starke Geschütze gegen sexuelle Begierden auf?

Das alles hat einen einfachen Grund. Denn wenn etwas zu sehr bekämpft wird, liegt bekanntlich der Verdacht nahe, dass etwas Ähnliches von Ähnlichem bekämpft wird. Was chronisch kränkt, wird immer schon auf homöopathische Art und Weise behandelt. Im Erleben der Sexualität erfährt nämlich die Seele zum ersten Mal auf ihrem Weg über die Erde, was Hingabe sein kann. Sie wittert ihr wahres Ziel und Ende. Sie erschaudert. Sie überschreitet die engen Grenzen des eigenen Ich zum ersten Mal und will ein Wir werden. Das Teil will zum Ganzen werden. Sexualität und Spiritualität sind Zwillingsschwestern. Schneeweißchen und Rosenrot! Die eine zieht es mehr zum Vater Himmel, die andere zur Mutter Erde. Aber das ist auch der einzige Unterschied. Ohne die andere würde es die eine nie geben.

Um dem Diktat der Säugetierbiologie zu entkommen, fahren die Religionen der Welt ihr volles Programm ab. Ihr raffiniertester Trick dabei ist, das erotische Programm von Rosenrot mit dem spirituellen Programm von Schneeweißchen zu übermalen. In den Trauungsliturgien sagt ein Mann nicht »Ja« zu seiner Frau und damit »Ja« zu dieser einen bestimmten Frau mit all ihren Möglichkeiten. Der Mann und die Frau sagen gar nicht »Ja« zueinander. Sie trauen sich nicht. Sie trauen dem Himmel. Sie trauen der eigenen Hingabe an den Willen der Himmelsmacht. Sie sagen »Ja« zum Schicksal, das sie zusammengeführt hat.

Was Gott zusammengeführt hat, kann der Mensch nicht scheiden. Ein hehrer Satz, der der deutschen Wirklichkeit offensichtlich nicht standhalten kann. Schließlich werden zwei Drittel aller Ehen geschieden. In den großen Städten ist es schon jede zweite. Und doch reflektiert dieser Satz nur eine spirituelle Wirklichkeit, auf die wir wieder in der Familientherapie gestoßen sind: einmal Ehefrau, immer Ehefrau! Zumindest, wenn gemeinsame Kinder geboren worden sind. Dieses Zusammenfließen der Gene kann niemand löschen. Auch nicht in den Seelen der daran Beteiligten. Mann und Frau können selbstverständlich andere begehren, ja sogar heiraten – nur löschen können sie das Eheprogramm nicht. Einmal verheiratet, immer verheiratet.

Das will nicht in den Kopf und erst recht nicht ins Herz einer Generation, die glaubt, mithilfe von Antibabypillen und anderen Arten der Empfängnisverhütung diesem Gesetz ein Schnippchen schlagen zu können.

Am Abend eines anstrengenden Tages trank ich mit dem ehemaligen katholischen Priester Bert Hellinger ein letztes Bier. Wir tauschten unsere Erfahrungen aus, und ich erzählte ihm von diesem Buch, das in meinem Kopf herumspukte. Und auch dieses Kapitel hier skizzierte ich ihm, denn in die Ordnungen der Liebe ist er weit, weit tiefer eingestiegen als ich. Ich konnte also nur von ihm lernen.

Und als wir von Krankheiten sprechen, die Menschen sich einholen, wenn sie sich diesen Ordnungen der Liebe entgegenstellen, erzählt er mir von einem Verdacht. Könnte es sein, dass Neurodermitis, diese verfluchte Hautkrankheit, die geradezu wie eine Epidemie über die letzten zwei Generationen gekommen ist und weiter kommt, dass diese Krankheit ein Fluch ist oder wie ein Fluch wirkt?

Drei Wochen später erzählt mir eine junge Frau von ihren furchtbaren Erfahrungen in ihrer Ehe. Ihre Haut ist über und über entzündet. Neurodermitis am Kopf, am Hals, an den Händen! Überall, wo nur ein Stück Haut zu sehen ist, ist sie rot und wund. Als ich das wahrnehme, fällt mir der Abend mit Bert Hellinger ein. Ich wechsle unmerklich das Thema. Die Ehehölle interessiert mich nicht mehr so sehr. Ich will wissen, ob der alte Ex-Priester Recht hat mit seiner Vermutung.

Und sie erzählt, dass ihr Mann schon einmal verheiratet gewesen sei. Er wäre ihr quasi in der Firma als Unbekannter vor die Füße gefallen. Das war eine wilde, erst heimliche Liebe auf den ersten Blick. Später kam dann die Trennung und Scheidung von seiner ersten Frau. Alles schien so vernünftig zu laufen. Die alte und die neue Liebe gingen wie Freundinnen miteinander um. Und so schien es meinem Gast auch nur fair, die erste Frau ihres Mannes wissen zu lassen, dass sie in zwei Wochen Hochzeit feiern würde. In der folgenden Nacht nahm sich die erste Frau das Leben. Die Trauung war wohl mehr eine Trauerfeier. Und die dunkle Wolke, die nun über der neuen Ehe stand, wollte nicht weichen. Mann und Frau entfremdeten sich zusehends. Gewalt vertrieb die Liebe vollends. Ein Kind wurde unter unwürdigen Umständen gezeugt. Da entzündet eine Krankheit den Körperteil der Frau, der für die Kommunikation und die Transparenz von innen und außen zuständig ist: die Haut! Ich rate meinem Gast, vor der Verstorbenen in die Knie zu gehen und sie um Verzeihung zu bitten.

Die persönliche Konfrontation mit dem sechsten Gebot und meinen Schwierigkeiten, es zu akzeptieren, hatte damals bei mir alles in Bewegung gesetzt. Die Entdeckungen entlang dem Sinai-Programm in diesem ganzen Buch hier verdanke ich diesem Augenblick. Die Presse hielt dem vielleicht bekanntesten Pfarrer des Landes das sechste Gebot vor die Nase und forderte von ihm Rechenschaft. Und der Herr Pfarrer wollte nicht abwiegeln. Da gab es nämlich auch nichts abzuwiegeln. Und um der Moralpredigt durch die Medien zu entkommen, hatte ich den kecken Satz gewagt, längst alle Gebote gebrochen zu haben. Es hat lange, manchmal zu lange gedauert, bis diese uralten Ordnungen des Lebens in meinem seelisch-körperlichen Haushalt endlich die Oberhand gewannen.

Der Prediger Salomo hat leicht reden: »Niemand kann alleine warm werden!« So einfach das klingt, so schwer wiegt die Frage, mit wem man denn bitte schön gerne warm wird. Denn das habe ich mit den Jahren wohl eingesehen, dass nicht einmal ich selbst es bin, der darüber entscheidet. Die Paartherapeuten behaupten unisono, dass es in den heiratswilligen und heiratsfähigen Menschen ein Verhaltensmuster gibt, das zwei aufeinanderfliegen lässt. Einen Partner zieht man sich also zu. Da kann man nichts machen und soll doch treu bleiben. Und in der Zeremonie der kirchlichen Trauung bekennt man eigentlich demütig, dass man in der Tat nichts dazu kann. Mann und Frau nehmen den Partner aus Gottes Hand. Gewählt haben nicht sie. Gewählt hat das Leben selbst, wenn es denn wählt oder überhaupt wählen kann.

So weit, so gut, wenn da nicht der Rausch und die unbändige Sehnsucht wären, dem Programm der Natur allein nachzugeben. Denn mit den verschiedenen Rauschzuständen, Ekstase genannt, überwältigt sie unsere Angst vor dem ganz Anderen.

# Vor den Opfern knien
## Das fünfte Gebot

*»Du sollst nicht töten!«*

Was braucht es als Vorgeschichte, dass ein Mensch in eine Situation kommt, einem anderen das Leben zu nehmen? Und was ist als Vorgeschichte überhaupt begreifbar und erzählbar? Was kommt aus der Tiefe des eigenen Lebens oder aus den Tiefen der Familie und ihrer letzten Generationen an die Oberfläche des Hier und Jetzt?

Und an welcher Stelle in seinem Leben ist ein Mann angekommen, der durch seine Kindheit gewandert ist, mit all ihren Versuchungen, der mit dem siebten Gebot in die Ferne zog und mit dem achten heiratete? Jetzt muss er seine Familie wohl verteidigen. Er ist alt genug. Er muss bereit sein zu kämpfen.

Mein Vater war kein Soldat. Und mein Großvater mütterlicherseits auch nicht. An ihren Händen klebte das Blut nicht direkt. Zum ersten Mal begegne ich einem Mann, der einen anderen Menschen getötet hatte, in Berlin-Moabit hinter Gittern. Ein fast zwei Meter großer Hüne. Die ganze Zeit, während wir miteinander reden, bin ich mehr als sonst vielleicht hellwach.

Ich schaue auf seine Hände. Mit diesen Händen hat er es getan! Könnte er auch mich mit diesen Händen in Sekundenschnelle töten? Eine Hemmschwelle könnte er doch gar nicht mehr haben. Mehr als lebenslänglich kann man nicht bekommen. Aufgepasst!

Der Mann war verurteilt worden, sechs Menschen das Leben genommen zu haben. Eines seiner Opfer war die Tochter eines Berliner Pfarrers. Das macht die anderen Opfer nicht weniger wichtig. Nur war es für mich als Pfarrer, mit zwei eigenen Töchtern mehr als beschenkt, doppelt schwer, ihm ohne Verachtung und Entsetzen entgegenzutreten. Ich dachte ständig an meine Töchter und an die unbekannte Tochter des Kollegen. Ich weiß, wie es damals geschah. Ich habe die Akten studiert. Aber was sind Akten und Beschreibungen, wenn man einem solchen Mann gegenübersteht. Ist er wirklich ein Mensch wie du und ich? Oder gibt es tatsächlich Menschen, die aufgrund ihrer Güte nach oben hervorstechen als Heilige, oder aber andere, die wieder wegen ihrer Grausamkeit nach unten durchfallen wie der Teufel?

Ich weiß gar nicht mehr, wie alt der Mann war. Ich schätze, er war gerade dreißig. Obwohl genau das für meine Geschichte des Sinai-Programms nicht unwichtig ist. Mörder sind, wenn nun das fünfte Gebot die viermal sieben Jahre Lebenserfahrung abschließt, durchschnittlich achtundzwanzig Jahre alt. Viermal sieben Jahre. Das klingt so nebensächlich, so banal und doch genauso erstaunlich. Ist das wirklich wichtig? Jetzt kommt das fünfte, mörderische Jahrsiebt. Als wenn eben mit achtundzwanzig Jahren ein Alter erreicht wäre, in dem das Überschreiten aller Grenzen, die einem die Gemeinschaft der Lebenden und der Toten gesetzt hat, sehr, sehr leicht geschehen kann: Gier frisst Hirn! Die unbewältigte Gier nach Reichtum, Macht und Sex steht auf dem großen Prüfstand des Lebens. Doch hier könnte jeder stehen. Was nur lässt den einen zum Mörder werden und den anderen nicht? Wer versteht das? Wer will richten?

Ich will nicht richten. Es steht mir nicht zu. Jesus entlarvt in einer seiner zentralen Geschichten unsere Lust am Richten als Legitimation, sich von anderen Menschen und ihrem Schicksal erleichtert zu distanzieren. »Wer ist schuld, dass ein Mensch blind geboren wurde? Vater, Mutter oder er selbst?«, fragen die spirituellen Schüler den Rabbi aus Nazaret. Und der antwortet: »Das könnte euch so passen, euch mit einer richtigen Antwort aus dem Staub zu machen, in dem der Blinde liegen bleibt! Achtet darauf, dass er in der Begegnung mit euch dem Leben begegnet.«

Nun ist der Geist des Sinai, auf den auch Jesus sich immer wieder beruft, von jeher nicht ein Geist des Rächens und Richtens. Er ist ein Geist, der in endloser Geduld verstehen und im Verstehen auch beistehen will. Er ist ein Geist, der die Erfahrung der Sintflut hinter sich hat. Er hat gelernt, dass Geduld die lebenserfahrenere Methode ist, dem Bösen zu begegnen. Er ist ein Geist, der sich auch in extremer Situation nicht selbst verrät.

Also, warum hat der Mörder von Berlin das getan? Warum hat er sechs Menschen das Leben genommen? Das war nun weniger meine Frage als die Frage seiner Ehefrau, mit der ich in die enge Besucherzelle von Berlin-Moabit gekommen war. Ich hatte sie mehrere Wochen und Monate durch die wohl dunkelste Zeit ihres Lebens begleiten dürfen. Sie hatte, bevor alles aufflog und man ihren Mann verhaftete, einem kleinen Jungen das Leben geschenkt, während ihr Mann, der Vater des Kleinen, ein letztes Mal zum Mörder an einer fremden Frau wurde.

Sie aber hatte ihn geliebt. Sie hatte mit ihm geschlafen. Da klebte längst an seinen Händen das Blut anderer Frauen. Wie will man damit fertigwerden? Wer will darüber noch reden? Wer kann und will das noch verstehen? Es gibt ein Grauen, das überschreitet jede Form. Da reicht keine Psychologie als Erklärung heran. Wer einen solchen Menschen nicht nur einmal sterben sehen möchte, ist längst im Religiösen angelangt.

Wie soll der kleine Junge eines Tages auf seinen großen Vater schauen, der sechs Leben auf seinem Gewissen hat? Kann der Kleine jemals den Großen lieben? Oder braucht jeder von uns auch deshalb eine Vaterfigur im Himmel, weil der irdische Vater nicht vollkommen war? Das alles beschäftigt mich, als ich vor dem Mann stehe. Ich will verstehen – und kann doch nicht.

Verzeihen, die große und größte Aufgabe des Lebens überhaupt, kann ich nicht. Das kommt mir auch nicht zu. Mir hat der Mann ja kein Leben genommen und kein Leben verdorben. Mich hat er nicht verletzt. Aber der kleine Junge wird so lange in seinem Leben keinen Frieden finden, wie der Vater sich nicht selbst verstehen lernt, um am Ende wie auch immer vor seinen Opfern zu knien oder sich gar neben sie zu legen. Auge um Auge, Zahn um Zahn! Das Gesetz des Ausgleichs, der neuen Frieden stiften kann, ist nur allzu lang bekannt. Ich weiß keinen anderen Weg.

Ich weiß nur, wo ich suchen würde, um den Weg zum Verstehen zu finden. In meiner Kindheit wurde ganz in der Nähe meiner Heimatstadt der »Kinderschänder« Jürgen Bartsch gefangen. Er hatte kleine Jungen in einen Bierkellerstollen gelockt, sie sexuell missbraucht und sie dann wohl bestialisch getötet.

Aus Angst natürlich, dass seine Wahrheit ans Licht käme. In den Prozessen kommt dann heraus, dass der kleine Jürgen selbst Jahre zuvor, von Pflegeeltern wohl angenommen an Kindes statt und großgezogen, in so einen Keller gezerrt wurde, um dort von seinem Ziehvater gezüchtigt zu werden.

Diese dunkle Energie der Gewalt, die durch die Menschengenerationen läuft, als wenn sie Dominosteine wären, würde ich gerne finden wollen, wenn ich dem Mann zuhöre. Vielleicht hört er seine eigene Geschichte auch zum ersten Mal. Was könnte aus den Tiefen seines Lebens an Verletzungen aufsteigen? Offenbar sind wir alle in guten oder bösen Mustern irgendeiner Gier gefangen, die wir selbst gar nicht zu verantworten haben. Alle Kinder sind gut! Also auch ein kleiner Jürgen Bartsch und ein kleiner Adolf Hitler. Alice Miller machte darauf aufmerksam.

Wer aber nimmt sich die Zeit, in der Geschichte eines sechsfachen Mörders mit ihm zu suchen, welche ferne, ihm selbst fremde »Aufgabe« er da vollziehen muss? Was türmt sich da in der Seele eines 28-Jährigen? Was ist das für eine Gier, die sich auch über Generationen halten kann, um nur durch Vergebung aufgelöst zu werden?

Das herauszuarbeiten wird seine Lebensaufgabe sein. Und gut tut, wer bereit ist, ihm dabei beizustehen, damit er noch einmal dem Leben begegnet und nicht dem Tod. Richten à la Gerichtshof allein stößt Menschen aus der Gemeinschaft. Aufrichten geht anders. Wie steht es im Sinai-Programm geschrieben?

Ich bin auch mehreren Frauen begegnet, die ein Menschenleben auf dem Gewissen haben. Sie töteten aus anderen Motiven, so unergründlich diese im Einzelnen auch sein mögen. Es war eher eine Mischung aus Notwehr und Reaktion auf tiefste Verletzungen. Nur: Das Motiv spielt beim Austragen der Schuld und Schuldgefühle nach meiner Erfahrung eine geringe Rolle. Eine viel geringere, als man oft denkt. Die Opfer der Frauen spuken in deren Träumen sogar weit häufiger herum als die Opfer des Serienmörders in seinen.

Ein Mord ist geschehen. Irgendein Mord. Keine Spur von dem Täter. Wenigstens keine, die sich der erschrockenen Öffentlichkeit erschließt. Doch während diese Öffentlichkeit noch im Dunkeln tappt, wissen die Profiler der Polizei schon, wie und wo sie suchen müssen. Mörder haben alle ein Profil. Und sie hinterlassen Spuren davon. Mörder sind in ihrer Mehrheit achtundzwanzig Jahre oder älter. Das wissen wir. Und was wissen wir noch, das in unser Sinai-Programm passt?

Gemordet wird von alters her, und das heißt im biblischen Kontext seit Kain und Abel, aus zwei Motiven: Gier nach Besitz und Gier nach Sex und Anerkennung, die eben erfolglos blieben. Es sind die Spielarten der Gier, die wir in den Zeitaltern ihrer möglichen Bewältigung kennen gelernt haben.

Und aus den Vornamen der beiden jüdischen Kinderahnen Kain und Abel geht auch noch mehr hervor von dem, was einen Mörder ausmacht. Hier mordet schließlich der Kerl, der Keil, der grobe Kain den Abel, den kleinen Hauch. Der Grobe mordet das Feinstoffliche. Das Fleisch mordet den Geist. Die Gier mordet die Sehnsucht. Und die Macht tötet die Beziehung.

Gesucht wird also nach einem Menschen, der im Durchschnitt über achtundzwanzig ist, da er die vier siebenjährigen Stufen des Lebens, die von ihm fordern, mit den unterschiedlichsten Formen der Gier fertigzuwerden, nicht nutzen konnte. Und jetzt, mit Ende zwanzig, stehen die Hürden des Lebens so nah zusammen, dass er sie einreißt. Ist es Zufall, dass Menschen besonders häufig in dieser Lebensphase zu Mördern wurden? Gut, es gibt für jeden Mörder einen besonderen Grund, einem Menschen das Leben zu nehmen. Es gibt auch solche jenseits der achtzig und jenseits der achtzehn. Aber wie alt ist der Durchschnitt, wenn es geschieht?

Wie alt sind vor unserem inneren Auge die Mörder? Es sind durchweg jüngere Männer. Irgendwo zwischen zwanzig und über dreißig. Achtundzwanzig Jahre vielleicht? Daraus wird jetzt ein Schuh. Die Zeit, in der die ganze Bandbreite der Versuchung auf einen Menschen einwirkt, ist jetzt. Und die Angst, bei Versagen zu keinem Menschen mehr zu gehören, ist auch jetzt. Wie alt war eigentlich Kain, als er den Abel erschlug? Wie alt war Mose, als er den Ägypter erschlug? Wie alt war David, als er morden ließ? Wie alt war Judas, als er Jesus verriet? Wie alt sind Soldaten im Durchschnitt?

In all den Jahren als Seelsorger habe ich viele Männer und einige Frauen kennen gelernt, die in ihrem Leben zu Mördern wurden. Prominente, die in allen Zeitungen standen, und weniger prominente, die so weit im Dunkeln standen, dass sie erst entdeckt und erkannt werden mussten. Und ich fand bei allen die gleiche Sehnsucht, eines Tages wieder zu jemandem zu gehören. Denn Zugehörigkeit, das war und ist in allen Phasen des Lebens – auch in dieser schwersten, in der alle Menschen vor einem ausspucken – die Medizin gegen die Sünde.

Darum war es nur konsequent, dass ich einem meiner Pfarrkollegen in einer deutschen Haftanstalt für Langzeitgefangene vorschlug, unter den Lebenslänglichen einen spirituellen Orden zu gründen, mit allem Drum und Dran: mit Regeln, Tagesordnungen, Symbolen, Gütergemeinschaft, so weit es geht. Es ist Medizin für den gefangenen Leib und die Sehnsucht der Seele. Es ist Medizin vom Stamme Israels. Soweit ich weiß, hat er es nicht gänzlich verwirklichen können. Aber einen Gefangenenchor gibt es seitdem. Im gemeinsamen Gesang bekommt die Sehnsucht ihre alten Flügel zurück.

# Abschied und Ehre
## Das vierte Gebot

*»Du sollst deinen Vater und deine Mutter ehren, auf dass du lange lebst auf Erden!«*

Der Sommer neigt sich dem Ende zu. Es ist keine leichte Zeit, die nun auf uns alle wartet. Das halbe Leben liegt hinter uns. Der Kreis des Lebens neigt sich so weit in die Kurve, dass wir unseren Ausgangspunkt wieder in den Blick bekommen: unsere Eltern, Vater und Mutter!

Wir werden mitten im Leben, auf dem Höhepunkt unserer biologischen Entwicklung, neu geboren. Wie auch immer die Sterne stehen: Es gibt eine totale Veränderung für alle. Eine neue Art von Leben kommt auf uns zu. Und neu geboren werden ohne Wehen gibt es nicht. Nur dass wir, die wir neu geboren werden, auch die Wehen tragen und ertragen lernen müssen.

Einmal geboren werden reicht nicht. War man einmal aus dem Wasser der Erde geboren worden, aus dem Fruchtwasser der Mutter, so kommt jetzt die Geburt aus dem Geist der anderen Wirklichkeit, die man Himmel nennt, dazu. Jesus wusste, wovon er Nikodemus erzählte. Er hat nur nicht gesagt, dass auch bei dieser zweiten Geburt Vater und Mutter die entscheidende Rolle spielen. Sie sind wieder die konkreten Durchgangsstationen des Menschen auf seinem Weg zur Wiedergeburt. Auch diese beginnt bei Vater und Mutter.

Wie schwer ist es für einen Mann, als Verlierer vom Platz zu gehen? Wie schwer ist es für einen Mann, nicht mehr der Platzhirsch zu sein? Wie schwer ist es für eine Frau, nicht mehr die Schönste zu sein und auch nicht mehr werden zu können? Wie schwer ist es für eine Frau, nicht mehr so begehrenswert zu sein, wie sie es gestern noch war? Wie schwer ist es für Mann und Frau, dass der Körper im großen Stil aufhört, alle notwendigen Reparaturarbeiten schnellstmöglich selbst zu erledigen? Wie schmerzhaft ist es, aus der Zeit des Kämpfens und Siegens in die neue Zeit des Leidens, Ertragens und Annehmens zu wechseln?

Welche Wehen müssen wir durchleiden? Und welche Fallstricke liegen bereit, uns das Annehmen des Lebens und der besonderen Zeit des vierten Gebots zu erschweren? Schönheitschirurgen und Jugendwahnverkäufer verdoppeln jetzt ihre Umsätze. Als wenn die Zeit des vierten Gebots aufzuhalten wäre! Sie lässt sich nicht aufhalten. Genauso wenig wie ihre Vorgänger. Sie lässt sich vielleicht – und auch nur scheinbar – hinausschieben. Aber wer die Hürden und Herausforderungen des Lebens nach hinten verschiebt, muss sich nicht wundern, wenn er an zwei, drei Hürden, die es jetzt gleichzeitig zu meistern gilt, ins Straucheln kommt und zu scheitern droht. Dann wächst der Wunsch, den Lauf des Lebens vorzeitig zu beenden.

Lassen Sie mich einen Moment von Männern und ihren Lebenskrisen und -zyklen erzählen. Lassen Sie mich davon erzählen, dass auch Männer ihre besonderen Wechseljahre und ihre Midlifecrisis haben. Und davon, wann diese Krise denn so ungefähr ist und wie wir Männer sie erleben und was unsere Frauen mit uns erleben. Irgendwann wohl jenseits des fünfunddreißigsten Jahres muss sie ja stattfinden, die Lebenskrise, wenn der Psalmist Recht hat und unser Leben auf der Erde im Durchschnitt siebzig Jahre währt. Und wenn es »hoch kommt«, so übersetzt Martin Luther, dann sind es auch achtzig Jahre. Also irgendwo zwischen dem fünfunddreißigsten und dem vierzigsten Lebensjahr, plus ein paar Jahre mehr oder weniger, wartet auf uns Männer eine unsichtbare Grenze, die wir überschreiten werden.

Es kann für einige von uns auch etwas später sein. Schließlich muss man dem gestiegenen Lebensalter nicht nur am Ende Respekt erweisen, sondern auch mittendrin, am Wendepunkt des Lebens. Aber dann ist dieser überschritten, und das Leben selbst wird uns verändern. Es ist wieder keine freie Entscheidung, ein anderes Leben zu führen. Es sind, wie in all den früheren Krisen und Veränderungen, Metamorphosen und Erneuerungen, die oft verborgenen Ordnungen des Lebens, die uns verändern.

Also, wer könnte mir etwas berichten über die Lebenskrise eines Mannes? Und wenn es denn mitten im Leben um die Kurve geht, was ja das griechische Wort »krino«, gleich »Krise«, darlegt, dann interessieren mich die Richtungen. Von wo kommt der Midlife-Mann, und wohin geht er? Und gilt das etwa für alle Männer?

Ich habe diese Frage einer Prostituierten gestellt. Und sie erzählt mir von ihren Männern, den jungen und den alten. Sie hat dieselbe unsichtbare Grenze im Leben der Männer erlebt, genauso wie der schreibende Geist der Zehn Gebote und wie der Psalmist. »Männer«, sagt sie, »kommen, wenn sie zwanzig und dreißig sind, relativ zügig zur Sache. Da wird nicht viel rumgemacht. Bis so um die vierzig reden sie nicht so viel. Da sind sie beschäftigt. Sie reden, wenn sie überhaupt über etwas anderes reden als über das, was sie gerade tun, den Werbespot entlang: ›Mein Haus, mein Boot, mein Auto!‹ Alles Potenzsymbole. Mehr läuft da meistens nicht. Eine ziemlich geistlose Veranstaltung.«

»Aber Männer jenseits der Lebensmitte«, erzählt mir die Frau weiter, »bei denen kommt es sogar oft vor, dass sie nicht einmal unbedingt mit mir schlafen wollen. Sie wollen oft nur reden und verstanden werden. Sie brauchen offenbar Echo und ein tiefes Verstehen. Sie philosophieren sogar manchmal mit uns, erklären uns die Welt, haben Zeit und ein Herz für unsereins. Wenn man einen Mann vielleicht sogar über Jahre kennt, wie er vorher war und jetzt, hat man manchmal das Gefühl, das kann doch nicht derselbe Mann sein. Was ist mit dem passiert? Wo ist das ganze Potenzgehabe geblieben?«

Genau das scheint die Zeit zu sein, in der ein Mann auch nicht mehr glaubwürdig von seiner Macht erzählen kann. Schließlich sind in allen Lebensbereichen, nicht nur auf sexuellem Gebiet, die Jüngeren gerade dabei, ihn endgültig zu überholen und ihn dabei alt aussehen zu lassen. In der Firma wird plötzlich der jüngere Abteilungsleiter vorgezogen. Im Sport wechselt man endgültig in die zweite, dritte Liga, spielt »alte Herren«. Und zu Hause wachsen die ersten Kinder dem Vater über den Kopf.

Da ist ein Richtungswechsel angesagt. Es geht um die Kurve. Diese Zeit mit ihrer Bewegung ist neben der Pubertät wohl die größte Kurve im Leben eines Menschen. Hier wird es daher auch gefährlich. Wenn ein gelungenes Leben wie ein Kreis beschrieben werden kann, dann kommt jetzt, im Zenit des Lebens, zum ersten Mal die Herkunft in den Blick. Man muss nur nach vorne schauen. Merkwürdig. Dabei ist es nur die alte Kolumbuserfahrung: Wer stetig nach vorne segelt, kommt am Ziel zu Hause an. Die Heimreise beginnt. Wir werden uns zum ersten Mal des Lebens als Rückreise gewahr. Die Sehnsucht sucht nicht mehr die Sterne ab. Die Sehnsucht schaut zurück und sucht nach den märchenhaften Kieselsteinen auf dem Lebensweg, die einen Hänsel dahin führen konnten, wo Vater und Mutter einen Menschen auf dieser Welt ausgesetzt haben.

Jetzt auf einmal fragt man intensiver: »Wer bin ich?« Das hört sich anders an als das Credo der vergangenen Jahre: »Was kann ich? Und was will und muss ich leisten?«

Und was den Männern ihre Richtungs-Wechseljahre, sind den Frauen die ihrigen. Ihr Leben und ihre Lebensordnung hat man jahrtausendelang mit dem Lebensrhythmus ihres »Schutzgestirns«, dem Mond, beschrieben.

Junge Frauen waren mit dem langsam aufgehenden Mond vergleichbar. Es war die Mondphase, in der die ganze Kraft des Werdens und Wachsens und Strahlens langsam in die Höhe strebt. Um dann, in der Phase des Vollmonds, mit Kindern im gerundeten Leib die Höhe des Lebens zu erreichen. Das Leben ist jetzt so prachtvoll, weil es alles vollbracht hat. Die dritte Phase, die des abnehmenden Mondes, zeigt das Wesen und den Weg einer alternden Frau, die ihre Kinder geboren hat. Sie stärkt jetzt wie der Mond die Wurzelkräfte des Lebens. Sie selbst bildet nun für Kinder und Enkelkinder selbst die Wurzel der Familie. Sie ist Bindeglied zwischen den sichtbaren Teilen der Familie und den schon unsichtbar gewordenen Generationen. Sie ist Trägerin der Tradition.

Genau wie dem Mann kommen ihr nun ihre Herkunft und ihr Ziel in den Blick. Und weil nicht nur das Leben als gelungen gilt, wenn es abgerundet wird, sondern auch Mutter Erde selbst ihr Wesen so erfährt, sind Ausgangspunkt und Ende gleich.

Aber welche Herausforderung hat das Leben dem in sich kehrenden Mann und der in sich zurückkehrenden Frau nun vor die Füße gelegt?

Nun, wenn der Siegeszug ins äußerliche Leben, in Glanz, in Ausstrahlung, in Statussymbole und Kinder, in Geld und Macht nicht mehr weitergehen kann, dann steht die Kehrtwende an. Wenn Muskeln und Haut nicht mehr gestrafft werden können, was muss dann folgen? Die Reise nach innen beginnt. Der Herbst, wie der Herbst des Lebens, beginnt schließlich und immer am Ende des Sommers. Wenn die Blätter fallen, fallen die kleinen Knospen, die schon lange da sind, erst ins Auge.

Die Zeit des vierten Gebots ist angebrochen. Es ist Zeit, sich seiner leiblichen, wirklichen Mutter und seinem leiblichen, wirklichen Vater zuzuwenden. Und das bedeutet, dass das Leben eine neue große Wendung genommen hat.

Die Fahrtrichtung der Gier- und Wettbewerbsgebote von Gebot zehn bis fünf ist vorbei. Da ging es ja zunehmend darum, sein genetisches Programm im Lebenskampf nur ja nicht untergehen zu lassen, sondern es umgekehrt auch auf Kosten anderer im Leben zu installieren oder gar zu multiplizieren. Jeder Mann und jede Frau hatte besser zu sein als die anderen Männer und Frauen. Und wie konnte man das einfacher und besser verwirklichen als alles, was man kriegen kann, an sich zu raffen. Und die, die man diffamieren, diskreditieren, schädigen und kleiner machen konnte, um sie am Ende sogar zu vernichten, die waren zu erledigen.

Das war doch die Richtung, der sich diese Gebote verpflichtet fühlten. Sie bejahten sie ausdrücklich. Und sie sahen ihre Aufgabe darin, mäßigend einzugreifen, damit das Gier- und das Gen-Programm nicht wie in einem Wolfsrudel hemmungslos wieder und wieder zuschlagen.

Diese ganze Ausrichtung in die äußere Welt ist nun beendet. Die Zeit der Hamsterräder und Karriereleitern, die Zeit des Mobbings und des Neids ist vorbei. Die Zeit und die Gezeiten der Todsünden – Gier, Geiz, Neid, Hass, die alle Gewerke des Teufels sind – sind durchschritten. Was immer sie aus einem Menschen gemacht haben, welche Spuren sie auf unseren Seelen hinterlassen haben, jetzt treten sie in den Hintergrund. Und wir werden sehen, ob die weiteren Gezeiten des Lebens, die nun mit dem vierten Gebot einsetzen, die Wunden der ersten Zeiten heilend beeinflussen können. Denn alle Krankheit und alle Kränkung kennt nur einen ersten Schritt auf dem Weg des Heils und des Heilens: »Akzeptiere, was ist!« Die Zeit, dies zu erlernen, ist nun gekommen.

Wie soll denn die tiefe Wunde geheilt werden, die dadurch immer tiefer wurde, dass man sich all die Jahre mit anderen Menschen verglich und mit ihnen verglichen wurde? Und wie lange man auch immer scheinbar zu den Besten gehörte, stand am Ende doch die Erkenntnis, überholbar zu sein und auch überholt worden zu sein. Wie kommt man aus der falschen Gen-Programmierung heraus, unbedingt der Beste unter vielen sein zu müssen?

Die Antwort liest sich leicht und predigt sich ebenso leicht:

Jeder Mensch muss daran arbeiten, verstehen zu lernen, dass er oder sie einzigartig ist. Und diese Arbeit geht nur und ausschließlich über die Annahme der eigenen Person und Persönlichkeit. Diese Arbeit ist das Akzeptieren der eigenen konkreten Biografie. Diese Arbeit geht nur über die Eltern, die ebenso einzigartig waren und sind und die zu ehren sind. So gut, wie das Kind gut ist, weil es einzigartig ist und sich als im Grunde gut zu empfinden lernen muss, so gut sind auch Vater und Mutter, die selbst einmal Kinder waren und immer auch Kinder sein werden.

Das vierte Gebot ist eben kein pädagogisches Programm zur Erziehung wilder und widerspenstiger Kinder. Es ist das Seelsorgeprogramm zur Entdeckung der eigenen Person und ihrer Wurzeln, die uns unvergleichbar machen. Sag mir, wer sind dein Vater und deine Mutter? Und ich sage dir, dass du unvergleichlich bist und dass ich dich nie wieder, wenn du mir von ihnen liebevoll erzählst, mit anderen Menschen, Männern oder Frauen, vergleichen werde. Du bist Jesus, Josefs Sohn. Du bist und bleibst, wie es uns im Skandinavischen selbst die Sprache lehrt, immer Johann-son oder Erik-son oder Sven-son. Wie aber hilft uns das Leben, die eigene Mutter und den eigenen Vater endlich zu akzeptieren?

Mit dem vierten Gebot kommt die Zeit, in der das Leben uns Kinder vor die Aufgabe stellt, unsere Väter und Mütter zu verabschieden und endlich auch zu begraben. Die Eltern gehen langsam auf die siebzig zu. Und das Ehren und Verehren und Würdigen geht seltsamerweise mit dem Abschied von den Eltern Hand in Hand.

Und es beginnt die Zeit, in der man Männern und Frauen um

die vierzig auf dem Friedhof begegnen kann, an einem Ort, den sie vorher gemieden haben wie einen weißen Punkt auf der Landkarte ihrer Heimat.

*Ein Friedhof wächst um jedes Haus,*
*er wächst auch um das Deine …*

Ich habe dieses Gedicht in vielen, vielen Trauerzeremonien vorgetragen. Es waren Zeremonien, in denen ich, wie von fremder Hand geführt, mit meinem schwarzen Talar die Kanzel verließ und auch den Altar verließ, das Mikrofon verließ und mich zu den Trauernden in die erste Reihe der Kirche begab. Manchmal habe ich mich einfach eine Weile neben sie gesetzt. Ich hatte das Gefühl, dass sie gar nicht anwesend waren. Wohin schauten sie, was ängstigte sie, wo waren sie? Was soll ich da predigen, was soll ich da reden, wenn ich es nicht weiß?

Würde ich ahnen, wo sie mit ihrem Geist sind, wenn ich in die gleiche Richtung schaute, in dieselbe Stille lauschte? Manchmal ging ich auch leise auf sie zu, um herauszubekommen, wo sie waren. Man musste sie ja nur beobachten.

So wie ich eine Frau nur beobachtete, die mir vom plötzlichen Sekundentod ihres Ehemannes erzählte, dem der erwachsene gemeinsame Sohn ein gutes Jahr später folgte. Sie erzählte nämlich diese Geschichte gar nicht mir. Sie erzählte sie auch nicht den Gästen im Fernsehstudio. Sie schien gar keinem Lebenden etwas zu erzählen. Sie schaute durch uns hindurch. Und als ich sie fragte, wem sie dies alles noch einmal erzählt, ihrem Mann vielleicht oder ihrem Sohn, da nickte sie, und die Tränen liefen. Es war genauso wie in den Trauergottesdiensten der kleinen Bergarbeitergemeinde, wo ich in die Lehre gehen durfte.

Da schauten sie eben auch nach unten. Tränen liefen über ihre Gesichter. Dann und wann verriet nur eine hochgezogene Nase die große, ins Fließen geratene, überbordende Trauer. Und es war eben nicht nur Scham, dass die anderen Menschen ihre Tränen nicht sehen sollten. Schließlich hat die Schöpfung dem Menschen die Tränen genau in den Mittelpunkt des Gesichtes gelegt. Tränen sind eines der mächtigsten Zeichen nötiger und alle Not wendender Kommunikation. Warum also schauten sie alle nach unten, die Trauernden?

Ich setzte mich still vor ihnen auf die Stufen, die zum Altarbereich der Kirche führten. Wohin schauten sie? Wo waren sie mit ihren Gedanken? Was ist tiefer als der Fußboden, den sie genauso wie mich zu durchdringen suchten oder es vielleicht auch konnten? In dieser Zeit habe ich gelernt, dass die trauernden Seelen zu ihren Toten reisen. Sie schauten nicht nur auf den Boden. Sie schauten durch den Boden in die andere Zeit und Wirklichkeit. Der Tod der Eltern, der Tod von Vater und Mutter, hatte sie an diese neue Schwelle des Lebens geführt.

Die Reise in die andere Richtung beginnt. Ab jetzt geht es nicht mehr darum, dem Vater nach oben über den Kopf zu wachsen, sondern nach innen und unten zu reisen, um sich an seine Seite legen zu dürfen. Denn Zugehörigkeit schafft Frieden. Sag mir, zu wem du gehörst, und ich sag dir dann erst, wer du bist! Keiner kann und will allein sein. Wir suchen alle im Diesseits und im Jenseits nach denen, zu denen wir gehören und die zu uns gehören. Nur zusammen sind wir vollständig und in Frieden.

Später, wenn die Bestattungsrituale und Abschiedsrituale, die einen Menschen über den größten Schmerz hinüberretten sollen, verklungen sind, sieht man die Trauernden oft allein zu den Gräbern gehen und die unsichtbaren Bänder der Liebe knüpfen, die sogar den Tod überstehen.

Und selbst wenn man nicht auf den sichtbaren Friedhof geht – meine eigene Mutter gehörte zum Beispiel zu diesen Menschen und zum Teil wohl auch ich selbst –, auf dem unsichtbaren Friedhof ist man in dieser Zeit häufiger denn je unterwegs. Bei den großen und wichtigen Entscheidungen spielt es auf einmal eine viel wichtigere Rolle, wie der verstorbene Vater entscheiden würde und entschieden hätte. Auf einmal ist er in den Träumen der Kinder wieder da und spricht und rät. Bei einer Lebenskrise spielt es eine ganz wichtige Rolle, ob die Mutter zum Trösten und Stärken kommt oder nicht. Der Aschenputtel-Teil unserer Seele ist in uns unterwegs. Und Herr von Ribbeck grüßt mit seinen Birnen zwei Meter tief aus der Streusandbüchse des Havellands.

Ohne es zu merken, ist das Tor in die unsichtbare Wirklichkeit weiter aufgestoßen, als es je im Leben war. Jetzt sind Abschied und nie gekannte Nähe an der Zeit. Musste es auch bisher als Schock und Drama und Tragödie erfahren werden, wenn der Tod ein Kind holte oder man es ihm sogar »freiwillig« gab, jetzt ist Trauern angesagt und bringt den Segen der unsichtbaren Welt ins Herz.

Es ist ein Unterschied, ob man Hunderte von Malen Trauernde auf den Friedhof begleitet hat, um ihre Eltern zu begraben, oder ob die Zeit gekommen ist, sich selbst von seinem eigenen Vater oder der eigenen Mutter zu verabschieden.

Ich selbst war genau in der von der Bibel als Lebensmitte definierten Zeit, als mein Vater starb. Er war ein gefürchteter Mann. Nicht nur von uns Kindern. Ich habe dann und wann davon erzählt. Aber mit seinem Tod habe ich angefangen, ihn zu lieben und zu verehren. Jetzt erzähle ich stolz, dass man ihn in seiner Firma das »Lineal« nannte. Einfach weil er eben nicht nur streng, sondern auch geradlinig war. Jetzt erst holte ich aus den Familienfotoalben die Bilder heraus, auf denen mein Vater als kleiner Junge im Matrosenanzug seinen Vater zum Bahnhof begleitete, von wo aus der dann in den Krieg ziehen musste. Tränen über Tränen in meinem Gesicht.

Jetzt erst verstehe ich langsam, warum er für seinen Trauergottesdienst festgelegt hatte, trotz allem zu singen: »Nun danket alle Gott!« Und jetzt erst fange ich an, mich nicht nur über meine Mutter zu definieren, sondern über meinen viel einsameren Vater. Die natürliche Tür in die andere Wirklichkeit geht nur über die Akzeptanz des eigenen Vaters und der eigenen Mutter auf.

Achtung: Es ist eine große, auch im Christentum sehr beliebte Falle, bei schwierigen Müttern und schwierigen Vätern, bei schwierigen Mutterländern und auch schwierigen Vaterländern, an ihrer statt kurzerhand Mutter Erde und Vater Himmel zu lieben. Solche Umwege sind Auswege und Holzwege. Sie führen nirgendwo hin. Wenn überhaupt, führen sie ins Dunkle. Nicht ins Helle. Erst wer seine wirkliche Mutter liebt und seinen wirklichen Vater, wer sie wie die Indianer als Totem und Ahnenreihe unter seinen Füßen spürt, auf ihren Schultern wirklich steht und sie von daher liebt, hat die Lektion des vierten Gebots gelernt.

# In die Stille lauschen
## Das dritte Gebot

*»Gedenke des Sabbats, dass du ihn heiligst. Sechs Tage sollst du arbeiten und deine Werke tun. Aber am siebten Tag ist der Sabbat des Herrn, deines Gottes. Da sollst du keine Arbeit tun, noch dein Sohn, noch deine Tochter, noch dein Knecht, noch deine Magd, noch dein Vieh, noch dein Fremdling, der in deinen Toren wohnt. Denn in sechs Tagen hat der Herr Himmel und Erde gemacht und das Meer und alles, was drinnen ist, und ruhte am siebten Tag. Darum segnete der Herr den Sabbat und heiligte ihn.«*

Es sind die stillen Sonnentage des Herbstes, die den Früchten ihre Süße geben. Und wer mit der Natur lebt, weiß um diese wichtige Zeit. Nicht umsonst suchte sich der junge Prophet aus dem Norden Männer als seine ersten Schüler aus, die von unmittelbarer Naturerfahrung erfüllt waren. Sie konnten seine Gleichnisse und Geschichten unmittelbar deuten und verstehen.

Die Seele eines Menschen ist so scheu, dass sie es nur schwer erträgt, konfrontiert zu werden. Sie hat einen tiefen Schwerpunkt, der im Unbewussten, vielleicht sogar in der anderen Wirklichkeit, liegt. Sie braucht Bilder, keine Begriffe. Sie reagiert auf Schwingungen, nicht auf Attacken. Je leichter und verdünnter die heilenden Schwingungen daherkommen, umso leichter nimmt sie sie auf. Die Seele, das Unbewusste, die tiefen Sinne, die den Sinai-Code lesen können, brauchen indirekte Mitteilungen: Geschichten von Lilien, Steinen, Körnern und Bäumen, von verlorenen Schafen und verdorrtem Gras.

Fischer vom See Genezareth haben gleichermaßen wenig Ahnung von Theologie, wie sie umfangreiche Ahnung von der Natur haben. Das eint sie mit Kleinviehnomaden oder auch mit Männern, die jetzt jenseits der Lebensmitte mit einer Rosenschere in ihrem Vorgarten stehen. Sie sind allesamt Männer. Und fischen und sammeln allesamt in der Stille der Natur nach den Stoffen, nach denen die Seele jetzt verlangt.

Die Zehn Gebote sind aus einem Geist heraus komponiert und zusammengestellt, der deutlich männliche Züge hat. Mose selbst, der Mann Gottes, lässt also grüßen! So wie wir annehmen, dass die innere geheimnisvolle Ordnung der Gebote viel erzählt über den inneren Weg des Mose und wo er damals war, nämlich in weit fortgeschrittenem Alter, so erkennt man ihn hier, im dritten Gebot, als einen Mann wieder, der erst jenseits der eigenen Lebensmitte die Mitte einer allumfassenden Ordnung betritt.

Es ist die Handschrift eines gealterten Mannes, die man da kräftig spürt. Nirgendwo wird das so deutlich wie in der Lebensphase, die jetzt mit der Zeit des dritten Gebots gekommen ist.

Das Tor zur anderen, unsichtbaren Wirklichkeit des Lebens ist für uns alle endgültig durch den Tod von Vater und Mutter aufgestoßen worden. Und weit wurden das Tor und der Blick, wenn man die Eltern zu achten lernte. Dankbarkeit ist nun keine Geste mehr, die dem eigenen Herzen abgetrotzt werden muss. Dankbarkeit ist mit einem Mal eine Lebensäußerung geworden. Alle Liebe, die im Kampf der Generationen und der Verstrickungen von Eltern und Kindern auf der Strecke blieb, kann jetzt nachgeholt werden.

Peter Härtling entdeckt wie viele andere am Tod seines Vaters, dass man über den Tod hinaus auch Liebe nachtragen kann. Wut, Enttäuschung und Hass und Trauer über Versäumtes müssen das Herz nicht verhärten. Der Tod der Eltern birgt eher im Gegenteil die Chance, sich mit ihnen zu versöhnen. Der Sohn kann endlich versöhnt auch Sohn sein. Das bringt ihm eine neue Mitte.

Ich habe das selbst auch so erlebt. Viele wissen, wie schwer ich es mit meinem Vater hatte. Aber keiner weiß, wie schwer er es mit mir hatte. Noch auf dem Sterbebett warf er mir ein Buch vor die Füße, mit dem ich ihn retten wollte und mich doch auch über ihn erhob. Wir haben uns ausgesprochen, als er schon gestorben war. Es geht! Und es gibt wenige Menschen, die ich so achte wie meinen Vater. Das Tor in die andere Wirklichkeit ist also aufgetan. Aber was erwartet uns jetzt, nachdem das Tor nun geöffnet ist?

Es erwartet uns eine völlig andere Erfahrung als in den sechs arbeitsreichen Gebotsphasen des Lebens, die wir bereits durchwandert haben. Die Zeit der Aktion und der Aktionen ist vorbei. Die Zeit der Stille, des Stillehaltens, beginnt. Nur der hält wirklich stille, der zuvor erfahren hat, dass alles gut war, so wie es die Eltern waren.

Es ist die Zeit, in der die Männer (und weniger die Frauen)

jenseits der Lebensmitte erstmals das Land der Stille, der Schönheit, der Betrachtung betreten. Es ist das Land des Sabbats. Zählt man nämlich unsere Gebotszeiten zusammen, sind wir jetzt in der siebten Lebensperiode angekommen. Nachdem wir aktiv sechsmal alle inneren und auch äußerlichen Kräfte mobilisieren mussten, um uns von Stufe zu Stufe zu entwickeln – ein charakteristisches Zeichen für die schwere Erdenzeit, während der wir im Schweiße unseres Angesichtes Brot verdienen mussten –, tritt jetzt der Schein der anderen Wirklichkeit voll in unser Leben: Nichts wird von uns erwartet. Das Nichts erwartet nämlich uns. Die Periode des Sabbats ist da. Die Stille selbst lehrt uns jetzt das Stillehalten.

Woran kann ich es erkennen? Oder besser: Woran können die Männer diesen neuen Abschnitt in ihrem Leben erkennen? Und woran können die Frauen an ihren Männern ablesen, dass sie weiter sind als Jahre zuvor?

Die Männer gehen nicht mehr in die Natur, um dort dem feindlichen Leben zu begegnen und um es zu besiegen. Sie halten auf einmal stille. Sie entdecken mitten in der Natur die Zusammenhänge, die die Natur regieren. Sie entdecken das Wachsen. Selbst langsamer geworden, entdecken sie die Langsamkeit als Rhythmus des wirklichen Lebens. Wenn Schönheit und Ordnung, Harmonie und Stille, Anbetung und Hingabe erst jenseits der vierzig mit einem Mal eine entscheidende Rolle spielen, dann reden wir über Männer. Die Entdeckung der Langsamkeit passiert jetzt.

Das hat wohl einfache, steinzeitliche Gründe. Die Jäger und Sammler, die jenseits der Lebensmitte nicht mehr auf der Jagd nach Erfolgen sind oder nicht mehr erfolgreich jagen können, bleiben zu Hause. Sie sind jetzt die jungen Alten. Auch wenn sie noch lange nicht in Rente sind, entdecken sie ihr Nest. Sie entdecken die Notwendigkeit, nicht nur immer nach vorne zu schauen, sondern sich auch umzuschauen.

Bis in diese Zeit waren ihnen die Frauen und Kinder in die weite Welt gefolgt, zum Erfolg in Krieg, Beruf und Karriere. Jetzt, wo der Krieg vorbei ist, folgt der Mann seiner Frau in ihren Kosmos. Und der Kosmos der Frauen war schon immer beseelt davon, dass es im Leben nicht so sehr um Sieg oder Niederlagen geht, wie alle Männerpolitik täglich behauptet, sondern dass hinter dieser männlichen Vorstellung vom richtigen Leben eine ganz andere Welt auf sie wartet.

Jenseits der Männerwelt von Erfolg, Krieg und Niederlagen, Freiheit und Unterdrückung wartet die Welt der Schönheit und Harmonie, kosmische Erfahrung ohne Esoterik. Geistlich betrachtet steht diese Ordnung, der »Kosmos«, wie eben das griechische Wort dafür heißt, welches auch mit »Schönheit« übersetzt werden kann und muss, höher. Sie löst die Zeit der Freiheitskämpfe ab. Sie ist weiter entwickelt. Schönheit schlägt demnach Chaos. Ordnung schlägt Unordnung. Harmonie schlägt Freiheit. Das alles zu erfahren, braucht bei einem Mann sicher mehr als sieben Jahre. Aber es braucht mindestens sieben Jahre Lehrzeit, um Spaß daran zu bekommen.

Bis jetzt, bis jenseits der vierzig, haben Männer, wenn es um Harmonie und Proportionen ging – und das muss man wohl zu ihrer Entschuldigung sagen –, immer nur eine Proportion im Auge gehabt. Die Biologen nennen es den »Null-Komma-sieben-Faktor«. Die Busenpresse nennt es einfach: 90-60-90. Die Oberweite, die »Wespentaille« und das breite Becken einer

Frau. Wenn es auch nicht in aller Welt 90-60-90 sind, so ist es doch in aller Welt der 0,7-Faktor. Nur der hat es den Männern in ihren jüngeren Jahren angetan.

Und es ist allein dieser Ausschnitt aus der allumfassenden Harmonie des Lebens, der uns Männer zum ersten Mal in die Knie zwingt und uns beten lässt. Anbetungswürdige und angebetete Frauen haben Männer eher erlebt als den oder die oder das Anbetungswürdige an sich, das sich mit dem Namen einer Gottheit verbindet.

Frauen drücken bekanntlich in ihren Proportionen ihre Werte aus. Die Kommunikation über Bilder ist älter und archaischer als die über die Worte. Und weil Frauen damit erfolgreicher kommunizieren als mit vielen Worten, verstehen sie offenbar von Haus aus, welchen Wert Schönheit, Harmonie und Ordnung darstellen Diese sind für sie immer schon höherwertig, langlebiger, natürlicher, zyklischer. Weisheit hat hier ihre Ursprünge. Gelassenheit und Hingabe verstehen sich von hier aus.

Später, sind sie einmal in eine Partnerschaft eingetreten, kommt hinzu, dass Männer wie die Nomaden ihre Rastplätze oft dreckig und unaufgeräumt hinterlassen. Das Leben ruft sie hinaus. Zurück bleibt immer die Erinnerung an ein Schlachtfeld. Die zurückgelassene Frau aber mit ihren Kindern muss da Ordnung und Schönheit schaffen, wo der Mann längst weiterzog.

Der Einwand, dass Männer sehr wohl einen tiefen Sinn für Schönheit haben, zieht so lange nicht, wie sie diesen verborgenen Sinn alleine dafür einsetzen, um zu imponieren und die Konkurrenz zu schlagen. Da ist Schönheit eben wieder nur dazu gut, einen Kampf für sich und seine Gene zu entscheiden.

Wenn Frauen nun in dieser neuen Zeit der anbrechenden Sabbatjahre ihren Männern ein wenig spirituelle Unterstützung geben wollen, kaufen sie ihnen am besten keine esoterischen Bücher, sondern lieber zu Ostern eine Rosenschere und später auch eine Schürze. Oder sie schauen in der Zeitung nach, ob irgendwo ein Schrebergarten zu mieten ist.

Der Mann um die vierzig geht jetzt gern in den Garten. Nie im Leben wollte er vor irgendetwas in die Knie gehen. Jetzt zupft er auf den Knien Unkraut. »Unkraut, Heilkraut, Wegerich stehen am Weg, bewegen mich.« Und jetzt findet der Mann zum ersten Mal Gefallen daran, in der Stille den Pflanzen beim Wachsen zuzuschauen. Geduld ist von ihm gefragt. Geduld ist von ihm gefordert. Und was bis dato unmöglich von ihm zu bekommen war, jetzt gibt er es auf einmal gerne. Das Sinai-Programm hat wieder zugeschlagen und entfaltet seine Wirkung, und kein Mensch kann sich ihm entziehen.

Männer gehen mit ihren Frauen wieder Hand in Hand. Nur dass es jetzt nicht mehr den Eindruck macht, hier habe der eine die andere erobert, um sie als Besitz in sein Zelt mitzunehmen. Er ist vielmehr im Zelt der Weiblichkeit angekommen.

Was die Frauen aus sich heraus erleben und durchleben mussten – dass nämlich Wachstum allein mit Geduld zu stärken ist –, wird nun auch das spirituelle Männerprogramm. Der Sinn für Wachsen und Vergehen, für das Geschehenlassen des Lebens schärft sich auch bei ihnen.

Ich hatte eine Sendung über die Geheimnisse des Enneagramms vorbereitet, die alte, weise Lehre von der Ordnung der verschiedenen Charaktere. Da wollte ich mit ihr reden. Sie war in Mexiko zur Welt gekommen. Die Älteste von neun Kindern. Und sie trug ihre kleineren acht Geschwister, wie das in Mexiko üblich ist, auf ihren Hüftknochen, bis sie zu groß und zu schwer dafür waren. Und wenn sie nicht mehr konnte, sagte ihre Mutter harsch: »Sei nicht so empfindlich. Stell dich nicht an.«

So wurde aus dem kleinen Mädchen mit der großen Verantwortung eine Kämpferin. Sie wurde eine Frau, die eben früh lernen musste, sich durchzubeißen. Und wo immer sie in ihrem Leben auf Konflikte und Aufgaben stieß, da engagierte sie sich bis an den Rand ihrer Kräfte. Darunter war auch mancher Kampf und persönliche Krieg, den sie besser gelassen hätte. Aber sie konnte nicht. Sie war so geprägt. Männliche Züge sah ich in ihrem schönen Gesicht.

Da verlor sie im Laufe ihrer frühen Jahre vier Kinder. Es waren Frühgeburten, Fehlgeburten. Aber Früh- und Fehlgeburten sind auch Kinder. Und sie musste sie ziehen lassen. Denn wie soll und will man kämpfen, wenn ein Kindchen gehen will, das man noch nicht einmal an seinen Ärmchen festhalten kann? Ihre acht jüngeren Geschwister hatten sie früher zu einer Kämpferin gemacht. Ihre vier eigenen Kinder aber begannen sie nachdenklicher, stiller und sanfter zu machen. Alle Kinder waren gut. Und alle Kinder waren wichtig. Alle Kinder waren Kinder einer großen Ordnung.

Als wenn das für eine Frau nicht genug Lektion wäre, gestand ihr Jahre später ihr Ehemann, dass er ein Verhältnis hatte. Es war ein Verhältnis, gegen das keine Ehefrau eine Chance hat zu kämpfen. Denn nach all den Ehejahren entdeckte ihr Mann die Liebe zu einem anderen Mann. Alles Kämpfen war zwecklos. Kämpfen wäre verrückt gewesen.

Was ist das für ein geheimnisvolles Leben um uns herum, das offenbar weiß, was wir brauchen, um gütig zu werden? Es lehrt uns zu kämpfen. Es lehrt uns zu verlieren. Es lehrt uns loszulassen. Da geht es den Frauen so wie den Männern.

Der Mann ist wieder in einem unendlichen Garten angelangt. Dort, in einem Garten, so erzählt unser Traumwissen von der Schöpfung, begann unsere Gottheit ordnend und aus sich heraus, die Welt zu erschaffen. Und aus einem Garten wurden wir Menschen dann in den Kampf des Lebens entlassen. Wer jenseits der Lebensmitte endlich das Gefühl hat, dass ein Garten ihm guttut und er, so gesehen, in seinem Inneren wieder in einem Garten angekommen ist, ist deutlich auf der Heimreise. Er hat den Weg gefunden. Dem Geist des Sinai sei Dank! Eine weitere Station, und der Kreis des Lebens ist geschlossen.

In dieser Zeit des Nichtstuns, in der Zeit des Sabbats, lernt der Mann das Beten neu. In all den Jahren zuvor hatte sich ja sein Gebetsleben – wenn es denn überhaupt eines gab, das am Tage stattfand und nicht nur in der Nacht seines Unterbewussten – geändert und gewandelt und immer wieder erneuert. Er war voller Forderungen und Bitten gewesen. Bitten nach Besitz und Ehre, nach Habenwollen und Siegen auf allen Ebenen. Vom Feuerwehrauto zum Feuerwehrmann mit Auto zur Feuerwehrmotorradbraut!

Jetzt aber, in der Stille des Sabbats, lernt der Mann das Beten neu. Er muss es lernen. Er kann ihm nicht mehr ausweichen. Das Sinai-Programm lässt ihm keine Wahl. Es ist die große Unterstützung, der große Support des Lebens. Bisher hatte er sein Steinzeitprogramm weiter abgespult. Und dieses hieß ihn, in einer Krise entweder zu kämpfen oder wegzulaufen. Das hatte sich bewährt. Das funktionierte im Beruf genauso gut wie im Privatleben. Kriege und Krisen wurden entweder durch einen Sieg beendet, oder sie fanden ohne ihn statt. Die großen Helfer für diese Kampfstrategien waren immer seine Füße und Hände gewesen. Die aber ließen mit den Jahren nicht mehr zu, dass er sich auf sie verließ. Der Körper selbst verlangt zum weiteren Überleben ein anderes Programm und eine andere Technik.

Er sitzt also da und bemerkt, dass die Hüterin des Nestes, seine Frau, längst über andere Techniken verfügt, mit der sie den Gefahren des Lebens trotzt. Weglaufen oder Kämpfen war nie ihr Ding gewesen. In den besten Jahren hochschwanger und mit mehreren Kindern an der Hand, kamen beide Überlebensstrategien für Frauen nie infrage. Beide hätten das Aufgeben der Kinder vorausgesetzt.

Und während der Mann mit Händen und Füßen kämpfte, siegte oder verlor, sprangen ihr die Gedanken, Träume und besonders ihre Intuition bei. Sie ahnte Gefahren, die auf dem Radarschirm der Männer noch gar nicht zu erkennen waren. Sie träumte Lösungen in der Nacht, die im Nachtglas der Männer noch dunkel blieben. Sie wurde unruhig, wenn die Männer noch schliefen. Sie mixte Tinkturen, die Wunden heilen ließen, die die Männer sich ferne im Kampf zugezogen hatten.

Und für all ihre Technik gab es für die Frau eine Voraussetzung: Sie war immer eine Lauschende, mit den Füßen am Boden, mit dem Leib an den fiebernden Kindern, mit den Ohren am Klang der vielen Stimmen und mit dem Auge bei ihren Traumbildern. Immer gespannt, immer auf der Suche nach dem richtigen Weg, der sie und ihre Kinder weiter ins Leben führt.

Die Lebenstechnik der Frauen ruht in der Stille. Ihr Gebet ist Lauschen. Und Lauschen ist der Anfang allen Betens.

Nie im Leben war dem Mann bisher groß aufgefallen, dass alles Beten in dieser Stille beginnt. Jesu Wort von der stillen Kammer, in die man gehen soll um zu beten, war ihm nicht geläufig. Sein Weg in die Stille der Wüste war eher der Nähe der Wüste zu verdanken als ein exakter Schritt Jesu in die richtige Richtung. An den Anfang jedes Gebets tritt die Stille. Sie ist die Voraussetzung für die Einkehr, die man in den Oasen der Großstädte genauso sucht wie auf dem Land. Die großen alten Kirchen sind doch Dome der Stille. Die Stille ist der Sabbat des Lebens. Sie fördert und fordert das Lauschen.

*Herr, du erforschest mich und kennest mich.*
*Ich sitze oder stehe auf, so weißt du es;*
*du verstehst meine Gedanken von ferne.*
*Ich gehe oder liege, so bist du um mich*
*und siehst alle meine Wege.*
*Denn siehe, es ist kein Wort auf meiner Zunge,*
*das du, Herr, nicht schon wüsstest.*
*Von allen Seiten umgibst du mich*
*und hältst deine Hand über mir.*
*Erforsche mich, Gott, und erkenne mein Herz;*
*prüfe mich und erkenne, wie ich 's meine.*
*Und sieh, ob ich auf falschem Wege bin*
*und leite mich auf ewigen Wegen.*

Psalm 139

Wie beten eigentlich die Pflanzen? Hatte der Rabbi aus Nazaret nicht ausgerechnet sie immer den Mitmenschen als große spirituelle Lehrer vorgestellt? Der Baum aus dem ersten Psalm des Königs David, der seine Frucht bringt zu seiner Zeit, war doch das große Traumwissen-Vorbild aller spirituellen Lehrer geworden. Wie betet der Baum, der nicht weglaufen kann? Er betet anders. Er betet, lauscht und wächst. Wachsen ist beten. Zeremonien sind ihm fremd.

Ein Businessmanager, der über die Jahre seines Lebens von seinem großen Ziel dadurch abgelenkt war, dass er nur nach Erfolg und Sieg Ausschau hielt, der nimmt jetzt überraschend eine Einladung an, in den Bergen wandern zu gehen. Und oben an den Grenzen der Erde, weit weg vom Lärm der Zeit und Zeitgenossen, sinkt er still auf die Knie und erlebt sich gegenüber der Unendlichkeit als klein.

Einmal im Jahr sammeln sich hochkarätige Manager, um mit dem Bergsteiger Reinhold Messner solche Erfahrungen zu machen. Solch ein Mann spürt jetzt auf viel tiefere Weise, dass er ein abhängiges Leben führt. Der Berg, das Große, ist stärker, ist ewig. Der Mensch ist klein und zeitlich. Voller Demut spürt er die Begegnung mit dem großen Anderen. Er schweigt. Die Stille weiß alles.

Später, zu Hause, versucht er das Erlebte in Worte zu fassen. Tiefere als in den *Confessiones* des heiligen Augustin wird er nicht finden:

*Groß bist du, o Herr, und deines Lobes ist kein Ende; groß ist die Fülle deiner Kraft, und deine Weisheit ist unermesslich. Und loben will dich der Mensch, ein so geringer Teil deiner Schöpfung; der*

*Mensch, der sich unter der Last der Sterblichkeit beugt, dem Zeugnis seiner Sünde, einem Zeugnis, dass du den Hoffärtigen widerstehest; und doch will dich loben der Mensch, ein so geringer Teil deiner Schöpfung. Du schaffest, dass er mit Freuden dich preise, denn zu deinem Eigentum erschufst du uns, und ruhelos ist unser Herz, bis es ruhet in dir.*

*Kläre mich auf, o Herr, und lass mich erkennen, ob wir dich zuerst anrufen oder dich preisen; ob wir dich eher erfassen als anrufen sollen? Doch wer ruft dich an, solange du ihm unbekannt bist? Könnte, der dich nicht erkennt, statt des einen ein anderes Wesen anrufen? Oder wirst du zuvor angerufen, auf dass du erkannt werdest? Wie sollen sie aber anrufen, an den sie nicht glauben? Wie sollen sie aber glauben an den, der ihnen nicht geprediget worden? Loben werden den Herrn, die ihn suchen. So ihn aber suchen, werden ihn finden, und die ihn finden, werden ihn loben.*

*Ich will dich suchen, o Herr, im Gebet, und ich werde dich anrufen im Glauben: denn du bist uns verkündiget worden. Mein Glaube, den du mir gegeben, o Herr, ruft dich an, mein Glaube, den du mir einhauchtest durch die Menschwerdung deines Sohnes, durch die Vermittlung deines Predigers.*

AUGUSTIN

Was uns Männer in dieser Lebenszeit geballt erwartet, die Entdeckung der Ewigkeit, das Meer, die Berge, die Sterne, die Wüste – allesamt irdische Symbole der Ewigkeit –, weckt Erinnerungen aus der Zeit. Der Zeit der ersten Entdeckung von Sexualität und Hingabe an eine Frau. Damals gab es schon eine

Spur von Zeitlosigkeit, einen ganz flüchtigen Eindruck, dass in einer zärtlichen, hingebungsvollen Vereinigung die Zeit stehen zu bleiben schien. Einen Augenblick lang. Augenblick und Ewigkeit waren eins geworden.

Es gab kein Interesse mehr, seine eigenen Grenzen, seine Identität zu schützen. Sie war weitergegeben. Und das reichte. Wer fragt schon nach dem Sinn des Lebens, wenn er zu Hause ist? Wer fragt nach dem Sinn des Lebens, wenn er ihn erlebt? Es war damals wie eine Vorankündigung des letzten Lebensziels gewesen: Hingabe.

Und jetzt taucht diese Sehnsucht nach einer Hingabeerfahrung wieder auf. Mit weniger Feuer und Verlangen. Auch geht sie in unseren Seelen einen anderen Weg. Kam diese Sehnsucht zu Rosenrots Zeiten mit Feuer an und sah uns als Eroberer, kommt sie nun still und demütig wie Schneeweißchen daher. Demut steht auf dem Lehrplan des Lebens ganz oben. »Schweige!« Es gibt keine angemessenen Worte.

## Loslassen

# Das zweite Gebot

*»Du sollst dir kein Bildnis noch irgendein Gleichnis machen, weder von dem, was oben im Himmel, noch von dem, was unten auf der Erde, oder von dem, was im Wasser unter der Erde ist.*

*Du sollst sie nicht anbeten, noch ihnen dienen. Denn ich, der Herr, dein Gott, bin ein eifernder Gott, der die Missetat der Väter heimsucht an den Kindern bis ins dritte und vierte Glied derer, die mich hassen, und tue Barmherzigkeit an viel Tausenden, die mich lieben und meine Gebote halten.*

*Du sollst den Namen des Herrn, deines Gottes, nicht missbrauchen, denn der Herr wird den nicht ungestraft lassen, der seinen Namen missbraucht.«*

Wie erklärt man kirchenfremden Menschen, was denn ein evangelisch-reformierter Glaubender ist? Es reicht ja nicht zu sagen, er sei ein Calvinist oder vom Stamme Zwinglis. Das erklärt wenig. Da löst nur ein Begriff den anderen ab. Ein Bild muss her! Also versuchen wir es und bitten alle Reformierten um Verständnis: Ein Reformierter ist ein Christ, der erst dann eine Kerze anzündet, wenn vorher die Elektrizität zusammengebrochen ist. Ein Mensch also mit geringer Begabung zu spiritueller Erfahrung. Ein Mensch, der eher auf den kritischen Heiligen Geist setzt als einer, der schnell begeistert vom Boden der Realität abhebt.

Dr. Robert Schuller, der weltbekannte TV-Prediger aus Kalifornien, konnte sich in dieser Beschreibung gut wiederfinden. Er lachte, als ich ihm das so sagte. Und er hielt diese Nüchternheit im Glauben auch für einen Anker, der einen, in dem so leicht in frommen Enthusiasmus abgleitenden Amerika, mit beiden Füßen auf Gottes Erde hält.

Die Reformierten entwickeln ihre Religion lieber im Kopf als im Bauch. Pfarrer werden bei ihnen durch den Heiligen Geist der Gemeinde gewählt und sind dann auch der Herr der Pfarre. Während die Lutheraner immer noch ihren Pastor, ihren Hirten haben, der, von oben eingesetzt, selbstverständlich mehr weiß als die Herde seiner Schafe.

Die Verkopfung der Zehn Gebote drückt sich eben auch in deren reformierter Zählweise aus. Dem Lutheraner kann es in Sachen Gier und Lust und Bauch gar nicht Gebote genug geben. Deshalb hat er eben gleich zwei Gebote dafür, das nach lutherischer Zählung neunte und zehnte. Dem Reformierten kann es hingegen im Kopf nicht kompliziert und differenziert genug sein. Dort trennt er, was bei den Lutheranern zusammengehört, und bläht die Zählweise auf. Er legt offenbar mehr Gewicht auf den Herbst des Lebens, der bei keinem Lebewesen auf der Welt so breit und anhaltend angelegt ist wie bei uns Menschen. Alle andere Kreatur verschwindet als Individuum ja sehr schnell von der Welt, wenn das biologische Programm erfüllt ist. Aber was tun eigentlich die Menschen mit einer biologisch völlig überzogenen zweiten Halbzeit? Was für einen Sinn, ja Lebenssinn haben jetzt all die Jahre?

Es ist noch einmal mehr ein irdisches Zeichen dafür, dass die Aufgabe der Menschen im Kosmos des Lebens nicht nur darin besteht, Kinder zu zeugen und das Leben weiterzugeben. Es ist uns allen Zeit gegeben, das Erlebte als Ernte des Lebens zu einem großen Lebensbild zusammenzusetzen. Der Herbst des Lebens beginnt mit dem Einsetzen der Stille.

Bis in die Stille des dritten Gebots kommen alle Tempeldiener dieser Welt, alle Pfarrer und Priester, alle Lamas und Gurus, Chiefs und Schamanen. Zu Lebzeiten auf dieser sichtbaren Welt betreten jedoch nur wenige den Äon des zweiten Gebots. Angst hindert sie. Es ist die Angst, sich nirgendwo mehr festhalten zu können. Es ist die Angst, ihre Achtung zu verlieren, die sie sich von selbst geschnitzten Gottheiten gemietet hatten.

Wo ist jetzt noch Halt, wo ist mein Halt, wer ist mein Halt, und wer war mein Halt im Leben und soll es im heraufziehenden Sterben sein? Da bleiben die Priester aller Zeiten und Kulturen lieber ihrer Provinzialität verbunden, als diesen vorläufigen Bund zu lösen um eines Größeren und Namenloseren, alles Übersteigenden willen. Ihr Credo hindert sie, die höchsten Höhen des Sinai zu besteigen. Es geht durch die Wolken. Keiner kann mehr klar sehen und denken. Und nichts wird man mehr sehen von dem, was bisher wahr war.

Richard Bach hat die Möwe Jonathan diese Erfahrung machen lassen. Wie sie alle bisher bekannten Horizonte durchfliegen musste, um sich am Ende nur mit ihrer eigenen Angst konfrontiert zu sehen.

Die Bücher und Geschichten, die heute die Seelen der Menschen erreichen, müssen eine Zeit lang ohne ihre biblischen Vorbilder und Eltern auskommen. Aber der Seele kommt es nicht darauf an, ob eine Geschichte Buchstabe für Buchstabe biblisch ist. Das würde hier nur stören. Es kommt darauf an, ob ihr Geist biblisch ist. Und das heißt, ob es der Geist der Thora, der Geist des Gesetzes, der Geist der großen Ordnung ist, der in ihr lebt.

Jesus lehrte, man solle die Erfahrung des zweiten Gebots machen, um dann das erste Gebot erleben zu können. Immer noch kommt es auf das Erleben des spirituellen Anteils unseres Lebens an. Und das bedeutet jetzt: Vergesst alle Vorstellungen von Religion, vergesst alle Projektionen, vergesst alle Gottesnamen, wie es unsere Tradition des Sinai doch lehrt. Vergesst, vergesst! Vergesst eure Theologien. Zieht lieber Bilanz! Denn die Zeit der Lebensbilanz ist gekommen. An was habe ich mein Herz gehängt? Wem habe ich vertraut, und wen habe ich verloren? Die falschen Götter müssen entthront werden, bevor man in den Thronsaal des Einen gehen kann.

Der Einstieg ist einfach. Man muss sich nur der kindlichen Frage stellen, wem man in seinem Leben nachgelaufen ist wie die Ratten dem Rattenfänger. Getrieben von meiner Angst zu vergehen, bin ich dem Erfolg nachgerannt. Getrieben von meiner Not, bin ich dem Geld nachgerannt. Ich bin in Braun gegangen und in Rot. Warum nur? Fahnen habe ich verehrt wie Götter. Vor ihnen habe ich geschwiegen. Vor ihnen habe ich gekniet. Vor ihnen habe ich geopfert. Den falschen Führern dieser Welt bin ich nachgerannt. Einmal habe ich »Hosianna« gerufen und später »Kreuziget ihn!« Am Ende meines Lebens angekommen, sehe ich es wohl und bitte um Erbarmen.

Ich denke, die Priester Israels haben Jesus von Nazaret umgebracht, weil er mitten in seinem Leben – das in doppelter Lebenseile diese zehn Stationen passierte, als wenn sein Programm zur Hälfte von einer Gottheit gestellt wurde, die jede denkbare Erfahrung in sich trägt – diese spirituelle Schallmauer durchbrach.

Es gibt nur eine wirklich inhaltlich authentische Lehrstunde, die er wohl gehalten hat. Da sieht man ihn, wie er die einfachste Frage aller Menschen als die alles entscheidende beantwortet: »Herr, lehre uns beten!« Und er lehrt:

Vergiss alles, was du über Ihn in deinem Herzen bisher weißt. Es sind alles deine Vorstellungen von Ihm. Vergiss, was du Ihm sagen wolltest. Auch das sind nur ins Unsichtbare getragene Bedürfnisse, die deiner Angst entspringen. Der himmlische Vater, wie ich ihn nenne, weiß das alles. Der so genannte Gott, mit dem du kommunizieren willst, braucht keine Verbesserungsvorschläge deines geängsteten Herzens. Er weiß es längst. Er will überhaupt nichts von dir. Er ist kein besserer Vater als dein leiblicher oder eine bessere Mutter, ein besserer Bruder oder eine bessere Schwester, die nach deinen Erwartungen funktioniert oder auch nur funktionieren sollte. Das ist Er alles nicht.

All das musst du zuerst überwinden, wie ich es überwunden habe, um zu ahnen, was Er, der das Leben selbst ist, von dir erwartet. Er wartet. Er wartet auf dich. Mehr nicht. Wenn du Ihn verloren hast oder meinst, verloren zu haben, dann rufe nur wie ein Kind, das nach seinen Eltern ruft. Besser aber ist, du wirst stille. Der Vater des Lebens ist eben nicht wie ein Vater auf der Erde, der seinen Sohn verloren hat und ihn nun überall sucht, bis ihn ein Ruf seines Kindes von seiner Angst befreit. Er ist gar nicht weg. Er ist da. Er ist in dir und um dich.

Wie aber nehmt ihr Kontakt auf mit jemandem oder etwas oder allem, was um euch und in euch ist? Werdet stille! Geht nicht weiter. Haltet ein. Ihr seid weit genug gegangen. Kniet nieder. Haltet euch nicht weiter mit euren Händen irgendwo fest. Ihr habt euch lang genug festgehalten. Faltet die Hände. Der Körper wird der Seele, die sich in euch bündeln soll, den Weg weisen. Schließt die Augen. Ihr habt genug gesehen. Es gibt nichts Neues zu sehen. Augen sind dazu da, den Feind zu entdecken. Jetzt gibt es keine Feinde. Wer die Augen schließt, hilft der Seele, ihr Potenzial des Vertrauens wachsen zu lassen. Aber öffnet die Ohren! Öffnet die verborgenen Sinne für das Verborgene. Lauscht in euch und um euch. Beten heißt in der aramäischen Sprache eher so etwas wie »Lauschen« und etwas, das in der Luft liegt, zu fangen wie einen Vogel. Also wachet und betet. Das eine geht nicht ohne das andere. Es ist im Grunde dasselbe.

In dieser Stille versucht dann, das erste Wort auszusprechen. Legt es wie einen Köder aus. Wie ein Netz, auf dass sich etwas darin verfange und bei euch ist. Sagt einfach leise: Abba! Vater, mein wirklicher Vater! Mehr sagt nicht. Legt nicht mehr Angelhaken in die Tiefe der Seele. Euer Vater mag dieses Wortgeklingel nicht. Er hört und sieht darin nur die Angst und erkennt das Rituelle, das nicht wach bleiben will. Seit den Zeiten der Propheten hasst er das fromme Gebrabbel zum Himmel. Also lauscht in eure Tiefe, ob sich etwas tut. Achtet auf eure Kehle, ob etwas in euch aufsteigt. Seid leise. Seid stille im Herrn!

Wenn nichts passiert, geht einen Schritt weiter. Es ist wie ein

Schritt oder wie ein kniendes Vorwärtsrutschen auf das zu, was unsere Tradition den Barmherzigen nennt. Aber es ist auch ein Schritt aus einer Gottesvorstellung heraus, mit der es eben nichts zu gewinnen gab.

Sagt jetzt: Heilig Dein Name! Versucht es damit und lauscht wieder. Achtet darauf, ja, seid achtsam, ob das Heilige sich nähert. Es ist oft mit dem Rücken eher wahrzunehmen als mit den Augen. Es kann ein Schauer sein. Nicht alles, was wir erleben, muss durch die Augen und Ohren in uns dringen. »Unser Vater im Himmel« weiß Wege, die wir nicht wissen. Wenn in dieser zweiten Zeit des betenden Lauschens nichts passiert, dann wagt den dritten Schritt. Öffnet euer Herz und sagt euch selbst und der anderen Wirklichkeit: Großer Rat, große Ordnung! Halte Einzug in mein Leben!

Lange genug habt ihr euch die Gottheit so vorgestellt wie einen König, der in einem nie enden wollenden vieltausendjährigen Reich regiert, in dem die Sonne nicht untergeht. Wahrlich, wahrlich ich sage euch. Das Reich Gottes wird nicht so sein, dass ihr sagen könnt: Hier ist es oder dort ist es. Es ist als großer Rat und große Ordnung der Liebe längst am Werk. Es kommt von Ewigkeit und lebt in Ewigkeit. Es hat nichts mit einem König und seinem Reich zu tun. Schließlich kommen unsere hebräischen Vorfahren aus großen Hirtenfamilien, die einen König noch gar nicht kannten. Aber Ordnungen kannten sie. Es waren die Ordnung des Jahres und der Wüste, die Ordnung der Stämme und des Regens, die Ordnung, die für alle und alles sorgte und allem seinen gebührenden Platz gab.

Wenn ihr beim Ruf nach der großen Ordnung nichts spürt, keine Unordnung des Lebens, die erlöst werden will, keinen

Weg, der böse zu enden scheint, dann verlasst diese Gottesvorstellung. Zieht weiter. Es ist uns zwar gesagt, was gut ist und was böse. Aber es gibt Zeiten, da kann man es offenbar nicht sehen oder hören, weil einem Hören und Sehen vergangen sind. Steigt ruhig und gelassen eine Stufe höher auf der inneren Altartreppe. Unsere Väter und Mütter waren ursprünglich nicht sesshaft. Sie waren Nomaden der Wüste, die weiterzogen, wenn kein Leben spross. Wir sind Nomaden des Glaubens, die weiterziehen, um zu lauschen.

Lauscht weiter. Seid stille, lauscht und versucht es mit: Du Brotgeber! Nur dieses Wort. Erzählt dem Ewigen nicht Luthers Erklärung zur Brotbitte aus seinem kleinen Katechismus. Der Brotgeber ist schließlich der Lebensspender, dem man nicht nur den ersten Atemzug verdankt, sondern alles.

Auf dieser Stufe des Gebets, in diesem Bekenntnis des Glaubens, kann sich die Seele reinigen von allen Irrtümern, sie habe sich selbst etwas zu verdanken. Alle Verdienstgedanken, alle Pakte mit der Gottheit, die man, wie Doktor Faust mit dem Teufel, meinte, mit dem Vater im Himmel auch anstellen zu können – »Gibst Du mir weiter Leben, dann baue ich Dir einen Dom!« – alles vorbei. Es war alles ein Spuk der Lebensangst. Jetzt zeigt es sich. Religion ist kein Ablasshandel. Weiß Gott nicht.

Aber was ist dann »Schuld«? Wo es doch schon aus logischen Gründen keine Schuld geben kann, wenn man nichts verdient hat? Was mit der Schuld ist, hat Willy Brandt kniend in Warschau vorgemacht. Er kniet nieder und nimmt etwas auf sich, wozu er ursächlich nichts konnte.

Wer weiß denn schon, wieso und warum und aus welchen

tiefgründigen Umständen er selbst zu einem Mörder wurde und der andere zu einem Eisverkäufer? »Herr, ich danke Dir, dass ich nicht so wurde wie dieser da!« Die Verstrickungen des Lebens sind viel zu tief und zu verborgen, bis in die verstorbenen Generationen hinein, um sie in Schuld und Unschuld lösen zu können. Gefordert und gefördert ist hier eine Haltung, die sich dazu bekennt, in einer Reihe gestanden zu haben mit denen, die schuldig wurden.

Wer so ruft und betet, spürt nicht nur seine eigene Last. Er spürt auch die Last seiner Familie, seines Volkes und seiner ganzen Gattung. Schließlich nähert man sich mit diesem Gebet nicht nur dem König der Welt.

Und dann kommt es! Eine Stufe höher. Auf den Knien noch. Eine Station weiter auf der Heimreise des verlorenen Menschensohnes zum Vater. Und führe mich nicht in Versuchung! Oder auch: Du, der Du mich in allen Versuchungen des Lebens, die ich hinter mir habe, auf geheimnisvolle Weise an der Hand hieltest, ich rufe Dich, ich will zu Dir!

Ja, man hat es schon wahrgenommen, das Leben, als große Geschichte der Versuchung. Keine Frage. Die Geschichte, die mit der Gier anfing und über das Habenwollen zum Seinwollen weiterging. Die Versuchung, die in der Sexualität lag und in der Verachtung des Alters. Alles, alles ist wieder präsent. Nichts ist vergessen. Der Körper trägt seine Wunden und Verwundungen wie ein Gedächtnis mit sich herum. Aber jetzt, so hoch ins Alter geklettert, an Steilhängen und Überhängen vorbei, abgestürzt und wieder aufgestanden – jetzt muss es doch bald vorbei sein. Jetzt muss doch bald die Zeit der Erlösung kommen.

Darum bete jetzt: Du großer Erlöser! Komm! Komm bald!

Erlösung. Dieses Wort handelt nicht von Dingen und Ereignissen, die auf der Welt passieren. Es erzählt mitten im Leben von einer anderen Dimension, die alles hinter sich lassen konnte, was wie eine Verstrickung wirkte. Wer Stufe um Stufe immer höher hinauflauschte, weil er in sich hineinlauschte, bittet um eine himmlische Erfahrung. Oder, ohne das oft unglückliche Wort »bitten« zu verwenden: Er ist bereit für eine himmlische Erfahrung, die in dieser Zeit passieren kann und wird.

Wer um Erlösung bittet, meldet sich am Horeb im Sinai zur Stelle. Das hat oft solche Wirkung wie ein Ausbruch aller Gefühle. Ein Tränenstrom schießt hervor und will alles, was beschwert, beiseitewischen. Einmal getauft sein reicht nicht, um wiedergeboren zu werden. Wem es um Erlösung geht, der gehe einmal mehr durch das Wasser des Jordans. Es ist eine Katharsis, eine Reinigung der Seele.

Dann herrscht Stille. Die große Stille hat die kleine Unruhe nicht besiegt, sondern in sich aufgenommen wie eine Mutter ihre Küken unter die Flügel.

Erschöpft bleibt der Mensch liegen. Er ist jetzt ganz nahe an seinem Lebensziel angekommen. Er hat angeklopft. Er hat es endlich aufgegeben, sich über sein Leben zu beschweren. Er hat es eingesehen, dass es kindisch war, jahrelang kindisch war, vor Wut und Bitterkeit über das, was man erleben musste, wie ein Kind die Tür zum Kinderzimmer krachend zuzuwerfen, sich in die Ecke zu setzen und schmollend darauf zu warten, dass Vater oder Mutter die Tür von außen schon öffnen werden, bevor man bereit ist, unter Protest ins Wasser zu gehen. Oder, wenn man genau hinschaut: Man war doch durchs Wasser der

Tränen gegangen. War aber nicht gestorben, sondern auferstanden. Das Leben war noch da. Was war gerade passiert?

Nie war ein Gebet so erschöpfend gewesen. Es waren auch keine Worte, die man vor sich hergesagt hatte wie eine tibetische Gebetsmühle. Es waren Erfahrungen gewesen. Stationen. Und auch die waren, wie die zehn Sätze des Sinai, von unten nach oben für den seelischen Gebrauch der Menschen systematisiert worden: Vom Vater des Kindes bis zur Erlösung von allem. Nass war man geworden, nass geschwitzt und geweint. Irgendetwas war tatsächlich mit einem geschehen. War man jemandem begegnet? Schon! Es war ja etwas passiert. Es war eine Art Waschung gewesen wie in einem Vorheiligtum vieler Heiligtümer auf Erden. Das würde bedeuten, dass man nicht mehr weit vom Allerheiligsten entfernt gewesen ist.

Steh nun auf, Mensch, flach hast du auf der Erde gelegen wie Jesus in Golgatha. Erhebe dich von den Knien. Steh auf! Der Weg ist noch nicht zu Ende gegangen. Du bist noch nicht im Festsaal angelangt. Aber du hörtest schon die Musik. Summ jetzt mit. Es ist eine Art Chorus, den man sozusagen nach der Audienz singt: Denn Dein ist das Reich und die Kraft und die Herrlichkeit in Ewigkeit. Amen!

Und was bleibt, wenn man alle Projektionen und Gottesvorstellungen abgelegt hat? Wenn man die Uniformen dieser Welt ausgezogen und die Fahnen, hinter denen man hergelaufen ist, vom Mast geholt hat?

Da bleibt die Frage nach dem, was war. Die falschen Götter hinterlassen ein Vakuum im Lebenssinn, das jetzt gefüllt werden muss. Deswegen sitzt doch der Schuster Hans Vogt alias

Hauptmann von Köpenick am Fenster und sinniert, was er denn dem einzigen unbekannten Gott von seinem Leben anbieten kann: Matten geflochten!

Es gibt über unsere Seelen zu dieser Endzeit des Lebens eine merkwürdige Erfahrung mitzuteilen. Immer wenn ich die Gelegenheit hatte, Menschen in der letzten Lebensphase zu begegnen, waren sie dabei, dieses Vakuum zu füllen, das sie Lebenssinn nannten. Und was sie alle vereint, ist, dass sie alle nur dann auf ein gelungenes Leben zurückschauen konnten, wenn sie für andere gelebt hatten.

# Das Leben, ein Mosaik

## Das erste Gebot

*»Ich bin der Herr, dein Gott, der ich dich aus Ägyptenland, aus dem Diensthaus geführt habe. Du sollst keine anderen Götter vor mir haben.«*

Am Anfang die Gier. Am Ende das Lob.

Fragt man einen jungen Menschen, ob er einen freien Willen hat, dann ist es klar, wie er antwortet. Wenn er denn überhaupt antwortet, angesichts einer so dummen Frage. Fragt man dann die Theologen und Philosophen der großen Religionen und Kulturen und liest in ihrem Erbe, bekommt man immer die Antwort, die gerade in den Kaffeehäusern Mode ist.

Bei uns führt im Augenblick die These vom freien Willen die Hitparade der Philosophie an. Aber die Neurologen mit ihrer Gehirnforschung, die Watsons und Cricks mit ihrer Doppelhelix mucken langsam auf. In Verbindung mit traditionellen Marxisten, Freudianern, Lutheranern, aber auch Hellingerschülern und anderen mehr holen sie wieder einmal auf. Diesen wichtigen Teil des Menschenentwurfs vom freien oder unfreien Willen können die Denker offenbar nicht zweifelsfrei beantworten. Es gibt eben keine endgültig richtige Antwort. Es ist damit wohl so wie mit einer antiken griechischen Seekarte vom Mittelmeer zur Zeit des Ptolemäus: Sie stimmt zwar nicht, aber mit ihr lässt sich zweifelsfrei gut segeln und bis auf weiteres auch ankommen.

Fragt man nun die alten Menschen unter uns, ganz normale, die weder Philosophie noch sonst etwas gelernt oder gelehrt haben, ob sie in ihrem Leben die freie Entscheidung hatten, dieses zu tun und das andere zu lassen, antworten die meisten nicht ganz eindeutig. Offenbar lieben die Alten das exakte Wissen nicht. Als wenn sie ihm heimlich misstrauen würden. Lebenskunst bleibt eben Kunst. Sie wissen wohl eher, dass sie wie der sterbende Sokrates nichts wirklich exakt wissen. Nur eines wissen sie. Und da sind sie sich sehr sicher: Es galt in ihrem Leben gar nicht, ein exaktes Wissen zu finden, oder am Ende gar eine Formel, die die ganze Welt einschließlich Gott und Mensch, Urknall, Universum und Unendlichkeit erklärt. Es galt für die Alten wohl vielmehr, eine Geschichte zu finden, die man selbst ein ganzes langes Leben lang er-finden musste. Als wenn sich etwas unter ihren Füßen entwickelt hätte, das schon da war, als sie sich auf den Weg machten. Sie erzählen daher vielmehr und viel lieber eine Geschichte aus ihrem Leben. Zurückschauend melden sie an der Freiheit des eigenen Willens erhebliche Zweifel an.

Denn wie könnte sich das eine Stück Lebensgeschichte so lückenlos an das andere, damals widerspenstige oder sogar verfluchte Stück fügen – wenn es denn keine Macht gäbe, die alles fügt? Wer oder was steckt hinter den tausend Zufällen, die zusammen möglich machten, dass ein bestimmter Mann zu einer bestimmten Zeit eine bestimmte Frau traf und sie dann auch noch liebte? Und wer bestimmte da gerade diese Frau und gerade diesen Mann aus all den möglichen Männern und Frauen?

Wer schickt das Schicksal? Sind das alles verschämte Synonyme oder gar Pseudonyme für den einen Schöpfer der Welt? Und wer verdankt im eigenen Leben schon gern seinen Liebsten einem schnöden Zufall? Und wie viel Zufall muss über Jahrmillionen passieren, dass aus Sternenmüll Goethes *Faust* und Shakespeares *Hamlet* wird?

Alte Menschen empfinden ihr Leben offenbar als ein großes Mosaik, das sich über die siebzig, achtzig Jahre langsam zusammenfügen lässt. Es ist für sie ein kleines, unscheinbares Abbild der gesamten Schöpfung. Es ist ihnen ein Mikrokosmos von gefügter Ordnung im Makrokosmos des Universums. Es ist eine Lebenszelle im Körper der Schöpfung. Gebaut nach ein und demselben Plan mit denselben Bausteinen. So schauen die Alten zurück und empfinden mehr Fügung als freien Willen. Da sind sie anders als die Jungen. Die Alten haben sich mitten im Leben verpuppt. Sie kämpfen nicht mehr nur mit zäher Energie in dunkler Erde. Sie sehen Licht. Sie sind in ein hohes Alter emporgeklettert und sehen offenbar mehr als die unter ihnen stehenden Menschen, die jünger und unerfahrener sind. Nun stehen die Alten mit Mose auf der gleichen Stufe. Die Christuszeit der fliegenden Schmetterlinge ist für die Alten gekommen.

Doch noch einmal müssen sie sich jetzt von allen Gottesvorstellungen und Projektionen befreien. Wie eine Libelle kurz vor ihrem Jungfernflug, halten sie sich noch fest an der Erde und werfen die letzten engen Grenzen ab. Die Zeit des zweiten Gebots hängt ihnen noch an und wirft noch Schatten.

Jetzt gibt es keinen Gott mehr, den »es gibt«. Es gibt jetzt nur noch die Grenze. Alles andere ist zwar da, aber es ist unerfahrbar. Gott, wenn es ihn denn gibt, ist anders. Alles, was wir bildlich geglaubt haben, waren doch nur Projektionen unserer Vorstellungen von der Welt, ihrem Anfang und ihrem Ende und ihrem Sinn. Alles, was gelehrt wurde, waren Lehren aus dieser nun unter uns liegenden und langsam verschwindenden Welt. Es gibt keinen einzigen Gott der Christen. Es gibt keinen einzigen Gott der Juden und keinen einzigen Allah der Muslime. Es gibt sie alle nicht, die Gottheiten und Götter, die aufeinander so eifersüchtig sind oder waren.

Jetzt, an der Spitze des Lebens angekommen wie Mose auf dem Sinai, erkennen die Alten und am Leben Gereiften, dass die Wege in die Höhe gepflastert waren mit individuellen und kollektiven Erfahrungen. Der blaue Planet aber hat für alle Menschen, die sich irgendwohin verabschieden, immer nur dieselbe eine Grenze: Sie liegt zwischen Festhalten und Loslassen, zwischen Himmel und Erde. Die Grenze liegt zwischen dem Wissen, ein Teil zu sein und von dort aus das Ganze zu erahnen.

Und nun müssen die Alten und bald Sterbenden sogar dieses scheinbar feste Wissen der Regionalreligionen über Bord werfen. Es waren alles nur seelische Strohhalme der großen Angst, am unvermeidbaren Ende loslassen zu müssen um nur eines zu tun: mit offenen Armen und geöffneten Händen das Leben weiterzugeben, das sie selbst einmal im Mutterleib empfangen haben. Alles, was jetzt noch gedacht wird, ist nichts anderes als Ausgestaltungen der Angst vor der Hingabe.

Es gibt keinen wahren einzigen Gott und keinen einzig wahren Glauben! Es gibt ihn nicht. Wie schwer ist das zu erlernen? Und wie weit muss man durch die Kletterwände des Lebens gestiegen sein, um das zu bekennen?

Wahrheit ist immer ein blutbeschmiertes Kriterium in der Geschichte der Religionen gewesen und ist es noch. Wer in seiner Religion an irgendeiner Stelle Blut predigt, muss sich nicht wundern, wenn er Blut erntet. In der Spiritualität geht es nicht um Wahrheit. Es geht wie immer und immer, seit zehn Stationen, um eines: Beziehungen.

Und nachdem anfänglich zu lernen war, dass der Bruder oder die Schwester nicht nur ein Nahrungskonkurrent war, sondern auch ein identitätsstiftendes Geschöpf, eben Bruder und Schwester, die mich zu Bruder oder Schwester machen; nachdem später zu lernen war, dass Frauen und Männer nicht nur unterschiedlich sind und in Konkurrenz leben, sondern sich auch erst gegenseitig zu Männern und Frauen machen, die lieben und geliebt werden; nachdem wieder einmal später entdeckt wurde, dass sterbende Eltern nicht nur Vergangenheit darstellen, sondern auch die Zukunft der Lebenden, weil diese sich bald schon zu den Vätern und Müttern legen werden; nachdem zu lernen und zu lauschen war, dass Ordnungen die Welt regieren, ist jetzt eine neue Zeit gekommen. Eine Zeit, in der man lernen muss, dass auch eine Gottheit nicht wahr oder falsch ist, sondern deine oder meine Gottheit, Partner einer Liebesgeschichte, die das ganze Leben mit allen Höhen und Tiefen umfasst.

Es gibt eben keinen Gott, den es gibt, sondern nur meinen und deinen und unseren und den der anderen. So wie jedes Kind für jedes Elternpaar das schönste, beste und einzige ist. So wie jede Mutter und jeder Vater, wie auch immer geartet, dann doch die Einzigen sind, so wie die Heimat, aus der man stammt, nicht nur die schönste und beste, sondern immer auch die einzig wahre ist, so ist das Leben und Erleben mit der Gottheit auch eine Liebesgeschichte mit dem Schöpfer selbst. Es ist nicht nichts. Aber es ist auch nicht mehr. Hat jemand mehr?

# Dritter Teil

# Der rote Teppich des Menschwerdens

Von Ernst Käsemann, dem großen protestantischen Theologen der Entmythologisierung, wird erzählt, dass er in seinem Testament festgelegt haben soll, welcher Choral an seinem Sarg zu singen sei: »Jesus nimmt die Sünder an«. Und als er in hohem Alter starb, so alt wie Mose vielleicht, wird man ihm auch diesen letzten Wunsch erfüllt haben.

Ein erstaunlicher Wunsch für einen Theologen, der sein ganzes tapferes Wissenschaftlerleben damit zugebracht hat, in allen Textruinen des Neuen Testaments herumzusteigen, um nur eines herauszubekommen: Nämlich, dass es wenig Historisches gibt, auf das man unseren Christusglauben bauen kann. Warum lässt er trotzdem als Summe seines Lebens diesen protestantischen Choral singen? Ist er unsicher geworden, oder gibt es einen Rest, einen letzten Grund des Vertrauens in eine andere Wirklichkeit? Warum liegt Richard Wilhelm, der protestantische Sinologe, auf dem Friedhof der Brüdergemeinde in Bad Boll?

Irgendetwas macht Mut. Es ist nicht viel. Aber es ist da. Es ist die gesammelte Lebenserfahrung der neun vergangenen morphogenetischen Zeitfelder: Wir sind ein Teil eines Ganzen. Wer oder was aber ist das Ganze? Die Sehnsucht ist noch nicht erfüllt. Die Sehnsucht stirbt zuletzt, wenn sie denn überhaupt stirbt. Wenn man sich auch nicht darauf verlassen kann, dass das Nichts, das kommt, nichts mit dem Etwas, das hinter einem liegt, zu tun haben wird. Ewigkeit kann und wird etwas anderes sein als Zeit. Es gibt also noch etwas, mit dem man den Sprung in die Hingabe leichter wagen kann. Es ist die gelebte Erfahrung einer großen ordnenden Liebe, die einen Menschen Stufe für Stufe vom Säugling bis zum Greis heranwachsen ließ. Und diese Ordnung war ebenso unsichtbar wie das, was vor einem jeden liegt. Warum sonst gehen allen Menschen die Zeilen von Hermann Hesse so nah. Wie oft haben mich Menschen gebeten, an ihrem Sarg seine Worte vorzutragen:

***Stufen***

*Wie jede Blüte welkt und jede Jugend*
*dem Alter weicht, blüht jede Lebensstufe,*
*blüht jede Weisheit auch und jede Tugend*
*zu ihrer Zeit und darf nicht ewig dauern.*
*Es muss das Herz bei jedem Lebensrufe*
*bereit zum Abschied sein und Neubeginne,*
*um sich in Tapferkeit und ohne Trauern*
*in andre, neue Bindungen zu geben.*
*Und jedem Anfang wohnt ein Zauber inne,*
*Der uns beschützt und der uns hilft zu leben.*

*Wir sollen heiter Raum um Raum durchschreiten,*
*an keinem wie an einer Heimat hängen,*
*der Weltgeist will nicht fesseln uns und engen,*
*er will uns Stuf' um Stufe heben, weiten.*

*Kaum sind wir heimisch einem Lebenskreise*
*und traulich eingewohnt, so droht Erschlaffen.*
*Nur wer bereit zu Aufbruch ist und Reise,*
*mag lähmender Gewöhnung sich entraffen.*
*Es wird vielleicht auch noch die Todesstunde*
*uns neuen Räumen jung entgegensenden,*
*des Lebens Ruf an uns wird niemals enden …*
*Wohlan denn, Herz, nimm Abschied und gesunde.*

Hermann Hesse

Es ist das alte Sinai-Programm, das jedem Menschen bei seiner Geburt vor die Füße gelegt wird. So sorgt das Leben für all seine Kinder. Und zwar jenseits unserer Vorstellungen von gut und böse, Tod oder Leben. Dem Ewigen ist es wohl eins. Wir Lebenden sind eben nicht nur ein Teil dieser Erde, und sie ist nicht nur ein Teil von uns. Wir sind auch ein Teil dieser Seele, und sie ist ein Teil von uns. Das Wesentliche war immer unsichtbar.

Es gibt offenbar eine Art roten Teppich, der jedem von uns auf den Weg gelegt worden ist, um darauf ein Mensch zu werden, der aufrecht gehen kann. Was sagt denn der Satz, mit welchem der Geist der Zehn Gebote sich selbst vorstellt, anderes, als dass er die Kraft ist, die man in der eigenen Biografie und der Biografie eines Volkes entdecken kann, wenn man nach den Schutzmächten sucht? Er definiert sich selbst als einer, der aus der Erniedrigung und Sklaverei herausführt, vom Schattenreich ins Reich des Lichts.

Während das Volk am Fuß des Berges um seine goldene Projektion tanzt, steht oben einer an der Grenze des Lebens und spürt sich konfrontiert mit der Macht, die tragend das Leben trägt und erträgt.

Es ist ein einziges Ausatmen auf dem Horeb. Mose sieht seinen Lebensfilm vor sich abrollen. Wieder sieht er seine Geburt. Sieht, wie das Leben mit denen umgeht, die es wie in einem griechischen Drama für sich ausgesucht hat. Nur, dass diesmal die Gottheit lehrt, dass ein jeder ausgesucht ist. Er sieht seine Schwester im Schilf des Nils, die Paläste Ägyptens, die hebräischen Sklaven. Und dann die Wahrheit, die alle adoptierten Kinder so fürchten: Du bist keiner von uns. Der Mord! War das, was Mose, dem Diener Jahwes, hier in zehn Sätzen offenbart wurde, also doch auf ihn allein gemünzt? Er war schließlich zum Mörder geworden! Tiefer fallen kann man nicht. Und doch sorgt das Leben für jeden. Aaron, der Bruder, die Plagen, das Schilfmeerwunder, das Murren des Volkes, Manna vom Himmel und jetzt hier. Das ganze Leben eine einzige Offenbarung! Und der Himmel hatte ihn die ganze Lebenszeit getragen, wie eine Mutter ihr Kind austrägt.

### *Spuren im Sand*

*Eines Nachts hatte ich einen Traum: Ich ging am Meer entlang mit meinem Herrn. Vor dem dunklen Nachthimmel erstrahlten, Streiflichtern gleich, Bilder aus meinem Leben. Und jedes Mal sah ich zwei Fußspuren im Sand, meine eigene und die meines Herrn.*

*Als das letzte Bild an meinen Augen vorübergezogen war, blickte ich zurück. Ich erschrak, als ich entdeckte, dass an vielen Stellen meines Lebensweges nur eine Spur zu sehen war. Und das waren gerade die schwersten Zeiten meines Lebens.*

*Besorgt fragte ich den Herrn: »Herr, als ich anfing, dir nachzufolgen, da hast du mir versprochen, auf allen Wegen bei mir zu sein. Aber jetzt entdecke ich, dass in den schwersten Zeiten meines Lebens nur eine Spur im Sand zu sehen ist. Warum hast du mich allein gelassen, als ich dich am meisten brauchte?«*

*Da antwortete er: »Mein liebes Kind, ich liebe dich und werde dich nie allein lassen, erst recht nicht in Nöten und Schwierigkeiten. Dort wo du nur eine Spur gesehen hast, da habe ich dich getragen.«*

MARGARET FISHBACK POWERS

Es erwartet uns demnach der so genannte tote Gott, der genauso tot oder besser, genauso lebendig ist wie die eigenen Ahnen, Väter und Mütter im Glauben, die Wolke der Zeugen, die einen Menschen zeit seines Lebens vom Friedhof aus regieren. Dietrich Bonhoeffer hat in dieser Lebensphase, die vom Tod schon überschattet war, seinen Text von den guten Mächten geschrieben. Es sind seine Worte und seine Erfahrungen mit der Welt des Bösen, es ist seine Konkretion des Relativsatzes aus dem Dekalog: Ich bin der Herr, dein Gott, der ich dich ins KZ begleitet habe und auf meine Art und Weise auch wieder heraus.

**Von guten Mächten**

*Von guten Mächten treu und still umgeben,*
*behütet und getröstet wunderbar,*
*so will ich diese Tage mit euch leben*
*und mit euch gehen in ein neues Jahr.*

*Noch will das Alte unsre Herzen quälen,*
*noch drückt uns böser Tage schwere Last,*
*ach, Herr, gib unsern aufgescheuchten Seelen*
*das Heil, für das Du uns bereitet hast.*
*Und reichst Du uns den schweren Kelch, den bittern*
*des Leids, gefüllt bis an den höchsten Rand,*
*so nehmen wir ihn dankbar ohne Zittern*
*aus Deiner guten und geliebten Hand.*

*Doch willst Du uns noch einmal Freude schenken*
*an dieser Welt und ihrer Sonne Glanz,*
*dann wolln wir des Vergangenen gedenken,*
*und dann gehört Dir unser Leben ganz.*

*Lass warm und still die Kerzen heute flammen,*
*die Du in unsre Dunkelheit gebracht,*
*führ, wenn es sein kann, wieder uns zusammen.*
*Wir wissen es, Dein Licht scheint in der Nacht.*

*Wenn sich die Stille nun tief um uns breitet,*
*so lass uns hören jenen vollen Klang*
*der Welt, die unsichtbar sich um uns weitet,*
*all Deiner Kinder hohen Lobgesang.*

*Von guten Mächten wunderbar geborgen,*
*erwarten wir getrost, was kommen mag.*
*Gott ist mit uns am Abend und am Morgen*
*und ganz gewiss an jedem neuen Tag.*

DIETRICH BONHOEFFER

Was soll ich antworten, wenn die Gottheit zu mir spricht, dass sie mich getragen hat? Wie reagieren, weil sie mich als unbekannte gute Macht getragen hat? Erwartet sie oder er, dass ich dankbar bin? Schließlich ist das in vielen geistlichen Texten so ausgedrückt worden. Ich denke, der Namenlose erwartet keine Dankbarkeit. Kann ein Baum dankbar sein? Erwartet wird ein gelebtes Leben. Erwartet wird, dass man mit seinen Pfunden gewuchert hat. Erwartet wird ein Kind im Greis. Also kein Dank. Denn Dankbarkeit ist keine himmlische Kategorie. Man hört von denen, die in der anderen Wirklichkeit leben, eher andere Töne. Erwartet wird ein Gotteslob. So etwa:

> »Schau mal, was ich geschenkt bekommen habe!
> Mein ganzes schönes, abenteuerliches Leben!
> Und weißt du von wem?
> Von Ihm!«

Und die Traumzeit beginnt.

# Geburtshelfer

Die letzte Zeit, die Endzeit eines Menschen ist nun also gekommen. Ganz ähnliche Erfahrungen wie die des Mose auf dem Berg werden von vielen Menschen berichtet, die am Ende ihres Lebens angekommen sind. Wie ein Film zieht jetzt das Leben vorbei. Und da fehlt nicht ein Tag. Das anfänglich unsichtbare Sinai-Programm hat seine Bilder entwickelt von Stufe eins bis zehn. Oder besser: von Stufe zehn bis eins. Ein Leben ist gelebt.

Wer jetzt als Begleiter an das Bett eines Sterbenden tritt, kann durchaus helfen, dass sich das Mosaik des Lebens in der Seele des Grenzgängers klarer und schneller zusammenfügt. Schließlich hat die Gottheit uns nicht eben aus der Knechtschaft Ägyptens befreit, wie einst das Volk Israel. Aber befreit hat sie uns. Und geschützt hat sie uns, und getragen hat sie uns. Dies erinnern zu helfen ist eine spirituelle aktive Sterbehilfe, die ich wieder und wieder angewandt habe.

In ihrer Tradition tun dies die tibetischen Buddhisten ebenso. Von ihnen könnten die Christen lernen. Sie memorieren an der Seite der Sterbenden in einem steten Singsang die Stationen des Lebens und Sterbens. Und über die Stationen des schrittweisen Abschiednehmens von der nährenden Mutter und ihren Elementen, Erde, Feuer, Wasser, Luft und Holz, wissen sie mehr als wir. Sie schaffen so für die Seele des Sterbenden Orientierung in der Dunkelheit und damit Frieden, Ruhe und Gelassenheit.

Ich weiß nicht mehr, wer der erste Tote in meinem Leben war. Mit vierzehn Jahren aber musste ich meinen engsten Freund begraben. Das war prägender als der Tod meiner Großmutter. Von der weiß ich nur, dass ich als wohl knapp zehnjähriger Junge nicht verstehen konnte, warum die ganze Kirche weinte. Mir war wohl ums Herz. Nicht, dass ich froh gewesen wäre, dass sie nicht mehr da war. Sie hat mich geliebt, wie Großmütter ihre Enkelkinder lieben. Für mich hatte sie sogar einen lateinischen Namen. Für sie war ich ihr Jürgelus. Abschiedsschmerz hatte ich auch. Aber für mich war sie und blieb sie lebendig. Da und dort habe ich schon einmal als Beweis meines naiven Glaubens erzählt, dass ich meine Hände wieder unter der Bettdecke herauszog, als ich vor dem Einschlafen von ihrem Tod erfuhr. Man weiß ja nicht, wie tief die Toten ins Herz und unter die Bettdecke gucken können. Sicher ist sicher. »Oma Höh«, wie ich sie nannte und nenne, lebt also. Den Tod habe ich nie als Ende erlebt. Er war immer ein Abschied. Aber ein Abschied ist kein Ende.

Und wie erleichtert man einem Menschen den Abschied? Mein Vater ging ohne meine Begleitung. Kein Wunder. Ich war zeit seines Lebens nicht an seiner Seite. Meine Mutter ging ohne mich. Auch kein Wunder. Sie beschwerte sich zeit ihres Lebens darüber, dass ich mich nicht genügend oft bei ihr sehen ließ. Aber wiewohl das Abschiednehmen von den Eltern die wichtigste – weil natürlichste – Erfahrung der Sterbebegleitung ist, kann man diese auch an der Seite anderer Menschen lernen.

Ganz wichtig scheint mir dabei zu reflektieren, womit die

Seele des Sterbenden beschäftigt ist. Wer mich in meiner Entdeckungsreise zum Geist des Sinai bis hierher begleitet hat, weiß das. Es ist die Zeit der Gottesoffenbarung, die Zeit des Lebensfilms, die Zeit des großen Mosaiks, in dem sich die Gottheit offenbart. Leben wird da in großer Stille durchgearbeitet.

Wer als Kind hilfreich sein will, sagt seinen Eltern Dank. Und während man zeit seines Lebens auf diesen Moment hin sagte, dass »alles gut wird«, sagt man jetzt: Alles ist gut! »Vater, ich danke dir für mein Leben und alles, was du mir gegeben hast. Sorge dich nicht um mich und meine Geschwister. Was du uns gabst, wird reichen bis an unseren letzten Tag. Liebe Mutter, wir danken dir für unser Leben. Kein Mensch steht so hoch wie du über unserem Leben. Das, was du uns geschenkt hast, wird reichen bis an unseren jüngsten Tag.«

Danken und Loben sind die ersten spürbaren Engel, die eine erste Erleichterung bewirken. Es stirbt sich eben offenbar leichter und entspannter, wenn man im Rückblick den Geist wahrnehmen kann, der über dem eigenen Leben schwebte wie über die Wasser aller Anfänge. Und so bitten die alten Kirchenlieder auch nicht um einen »schnöden, schnellen Tod«, sondern um einen, der Zeit lässt, das Leben auf den oder das zurückzuführen und es dem zurückzugeben, der es mir einst gab.

Ich spreche in dieser Situation immer wieder den Sterbepsalm Israels. In ihm zeichnet sich noch einmal Station für Station des Sinaiweges auf Erden ab: Der Herr schenkte mir Leben, führte mich durch die Täler und Höhen, war immer an meiner Seite und nimmt mich nun, da es an seiner Seite wieder durch ein dunkles Tal geht, zu sich.

Und als Beschwörung am Ende: Ich werde bei ihm bleiben immerdar!

*Ein Psalm Davids.*
*Der Herr ist mein Hirte,*
*mir wird nichts mangeln.*
*Er weidet mich auf einer grünen Aue*
*und führet mich zum frischen Wasser.*
*Er erquicket meine Seele.*
*Er führet mich auf rechter Straße um seines Namens willen.*
*Und ob ich schon wanderte im finstern Tal,*
*fürchte ich kein Unglück;*
*denn du bist bei mir,*
*dein Stecken und Stab trösten mich.*
*Du bereitest vor mir einen Tisch im Angesicht meiner Feinde.*
*Du salbest mein Haupt mit Öl und schenkest mir voll ein.*
*Gutes und Barmherzigkeit werden mir folgen mein Leben lang,*
*und ich werde bleiben im Hause des Herrn immerdar.*

Psalm 23

# Literatur


Aurelius Augustinus: *Bekenntnisse*. Hg. v. Joseph Bernhart. Insel Verlag, Frankfurt a.M. 2004

Dietrich Bonhoeffer. *Widerstand und Ergebung*, Hg. v. Eberhard Bethge. Güthersloher Verlagshaus, Gütersloh 2002

Margaret Fishback Powers: *Spuren im Sand*. Brunnen, Gießen 2002

Erich Fromm. *Haben oder Sein*. dtv, München 2001

Bert Hellinger: *Ordnungen der Liebe*. Carl-Auer, Heidelberg 2001

Chief Seattle: *Meine Worte sind wie die Sterne*. Hg. v. Sonja Probst. Probst, Mainz 2001

Theodor Storm: *Der kleine Häwelmann*. Der Kinderbuch Verlag, Weinheim 2004


***Bücher von Jürgen Fliege***


*Der Himmel ist auf deiner Seite: Ermutigungen für alle Lebenslagen*. Goldmann, München 2007

*Menschenflüsterer. Persönliche Erinnerungen*. Herbig, München 2003

*Sehnsucht nach Heimat: Entdecke die Wurzeln, die dich tragen*. Kösel, München 2006

# Register